易經論股
解讀最佳投資機會
風水造吉財源滾滾來

豬年
2019己亥年

開運
賺大錢

易經理財專家

陶文

# 人生總是要霸氣一次！

700年一回！

700年出現一次的機會，看倌們覺得這是種什麼樣的機會？

土星會相冥王星的機率是40年一次，而土星和冥王星在山羊座會相，則是700年左右才會出現一次。

這兩顆霸氣的星曜，匯聚在霸氣的星座上，可以預見2019將會是個霸氣十足的流年。

土星和冥王星在傳統上被認為是凶星，因此這種霸氣的相遇被認為會帶來厄運，例如大國的崩潰，因為在過去的歷史記載中曾經發生。

事實上未必如此，只因為在2019年的春分盤中，這兩顆星曜的磁場是正向的，因此社會上霸氣轉變的案例將層出不窮，包括政局在內。

對於個人而言，這也會是個霸氣轉身的流年。重點在於「你想改變嗎？」

宇宙的磁場提供了可以霸氣地轉變的機會，你想怎麼做？

人生總是要霸氣一次！
霸氣地追逐理想！
霸氣地完成夢想！

　　在追夢的路上，寧願華麗地跌倒，也不要站在原地假裝優雅。用電影《一萬公里的約定》的台詞，與有緣好友們共勉。

　　一起霸氣地掌握這700年才出現一次的脫胎換骨。

　　2019己亥豬年的這本開運書，不只是開運，還要開啟新生命。

# 目錄

## ❀ 開運行事曆

## ❀ 易經論股

## 風水造吉

**開運很簡單，自然是最好的風水　058**

## 🌸 生肖開運

2019

己亥年

# 開運行事曆

# 新春過年開運秘笈

## 步驟1 ▶▶▶ 除晦、接旺：

過年很簡單，過日子才是真本事！這是俗話說的「過年快，過日子慢」。不過同樣也是俗語「一年之計在於春」和「好的開始，就是成功的一半」，可見過年雖然快，時間短促，但馬虎不得，尤其是「除舊布新」這件事，不只是「風水事」，也是扎扎實實的「開運事」。

向舊太歲辭別，感謝太歲星的照顧與庇佑，同時也去除過去一年的不如意，所以最重要的就是「送神」，也是「送太歲」（細節請看「送神」）

同樣需要送走的還有去年的不如意和不順遂，將所有的陰霾一掃而空，騰出新的空間接納新氣象、新計畫，接納幸福和幸運，就像迎接陽光一樣。這個時候就要從居家和辦公室的「大掃除」開始，台灣諺語說得好：「大拼厝，才會大富貴」，將淤積了一整年的灰塵，以及很少開啟的空間和陰暗角落清掃一番接受陽氣，讓幸運的氣息真實地充滿每個角落。

由此可知，大掃除是多麼地重要。然而除了清除，還是要留意到迎接旺氣的部份，因此日期的選擇就馬虎不得了。面面俱到的目的就是真正達到「除晦、接旺」的效果。

「奇門遁甲」是時空並用的神奇開運術，年底有幾個「除晦、接旺」的特殊日辰，分別介紹如下：

1. 陽曆1月22日星期二（臘月17日）。這一天是「月破日」，吉

事不宜，卻最適合「破除污穢」的大掃除。更適合想轉運的人，前往廟宇拜拜祈福。

2. 陽曆1月27日星期日（臘月22日）。這一天是「天赦日」，除了不宜「嫁娶」、「開光」、「入宅」，其餘諸事皆宜，更適宜掃除晦氣的除舊布新。

3. 陽曆1月29日星期二（臘月24日）。這一天是傳統的「送神日」（細節請看「送神」），也是十分理想的除舊布新日。今天是十二建除日中的「除日」，是除去晦氣、迎接旺氣的好日子。

4. 陽曆2月2日星期六（臘月28日）。「天德吉星」和「月德吉星」照拂的日辰，除了不宜「出火、入宅」外，其餘諸事皆宜。大利歲末除舊布新。

5. 陽曆2月3日星期日（臘月29日）。小過年的今天，還未來得及除舊布新的讀者，這一天還是值得執行，因為今天是大利轉運「月破日」。

## 步驟2 ▶▶▶ 送神：

送神的目的是送灶神回到天庭述職，報告這一年中灶神在這一家庭所看到的善與惡，因此早期送神的祭品中一定要「飴糖」，也就是麥芽糖，並且塗在灶神像的嘴巴上，希望灶神可以美言讓家庭在來年可以更幸福。

現今社會已經不再設灶，因此也就不再拜灶神，於是「送神」成為了恭送家中供奉的神明回到天庭述職，亦即「送百神上天庭」，不過最重要的還是恭送「太歲星」，感謝太歲星的庇佑。

「送神早，接神晚」，因此通常都在臘月24日這一天的子時（零

點至一點），拜拜完再去就寢。對於公職人員或高層管理人來說，則在臘月23日子時就該進行送神儀式，有點像「商務艙」提早登機得到特殊禮遇一般，不過主要目的還是希望神祇可以早一點回到天庭佔到最好的位置。

供品方面，為了讓神祇上天庭說好話，一定要準備糖果，而且最好是甜度較高的蜜糖，同時台灣諺語也說「呷甜甜，大賺錢」。另外，請準備鮮花（一對）、發糕（三個）、水果（三樣，每一樣都必須是奇數）。

金紙方面，可請金紙店幫忙打理，不過務必提醒店家幫忙準備「天馬金」和「甲馬」，備妥交通工具以便「送佛送上天」。

## 步驟3 ▶▶▶ 清黗：

除舊布新是重要的轉運任務，除了環境的清潔，還有拜拜香爐的「清黗」，唯有去除舊的香灰，添加新的香灰才真正代表得到新的祝福，而且愈拜愈旺。陶文老師在逾40年的風水堪輿經驗中，就見過有些家庭因為多年不執行清黗，而出現厄運的現象。沒有清黗就等於晦氣沒有得到清除，最常見到的現象就是家中成員出現免疫系統性的莫名疾病。

清黗步驟：先拜拜稟報清黗儀式，得到允杯後，再將神龕上神明與祖先的香爐請下，佛龕清掃一番，再將香爐內的香灰「拋出」，篩掉香腳殘渣，留下三分之一，再加上新的香灰。溫馨提醒，清黗過程請用長時間的大香或環香，以免犯了「斷香火」的大忌諱。

壓寶招好運：在香爐底下放十二枚硬幣，一正一反圓形依序排列，代表四季進財，月月平安，八方迎貴，時時招財納福，因此稱之

爲「壓寶」。

吉利時辰：

1.臘月24日子時（23點至1點）、辰時（7點至9點）、巳時（9點至11點）。

2.臘月28日辰時（7點至9點）。

## 步驟4 ▶▶▶ 接財神：

傳統習俗上的「接財神」在大年初五，也有人選擇初四這一天提早接，避免財神被別人給接走了。陶文老師要告訴大家的「接財神法」，更早、更強、更有神效，被稱為「三元接氣法」，是「三元陽宅」與「奇門遁甲」的旺財精華。

除夕晚上0點整，是一年、一月、一日的始點，也就是專家高人所說的「三元及第」大吉時，三元指的就是「歲之元、月之元、日之元」，具有「完美的開始」的意義。

這個特殊的時刻，要執行的開運策略就是「倒數計時」和「準時接財神」，零點準時燃放環保鞭炮，雙手合十默禱新

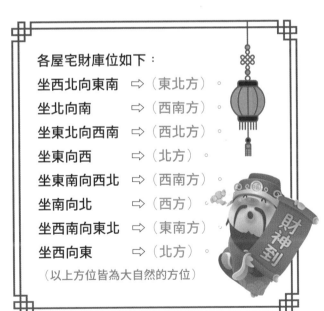

各屋宅財庫位如下：
坐西北向東南 ⇨ （東北方）。
坐北向南 ⇨ （西南方）。
坐東北向西南 ⇨ （西北方）。
坐東向西 ⇨ （北方）。
坐東南向西北 ⇨ （西南方）。
坐南向北 ⇨ （西方）。
坐西南向東北 ⇨ （東南方）。
坐西向東 ⇨ （北方）。
（以上方位皆為大自然的方位）

年新希望，在這個時候真的可以心想事成喔！而讀者們一定要相信「好的開始就是成功的全部」。

除此之外，家中有拜拜的這個時候就要進行接財神儀式，鮮花素果和一顆虔誠的心。家中沒有拜拜的讀者，則雙手合十默禱將財神爺引到家中，並且將事先準備好的101顆硬幣，放在貼上「陶文圓滿加一財神陣」圖騰的聚寶盆裡，擺放在住家或辦公室的財庫位，代表一整年都會財運興盛。

## 步驟5 ▶▶▶ 續旺氣（照虛耗）：

不論去年過得如何，都要將旺氣接續下來，讓來年更美、更好、更旺。

除夕晚，將家中和辦公室所有的照明點亮，為的就是接續旺氣，即便是儲藏室和地下室也需要點亮燈光，燈火通明代表的就是迎接光明，讓狗年與豬年的交替毫無縫隙。並且除夕夜的接財神任務可以更圓滿，財富更活絡，因為財神爺從不入穢門。明亮之宅、幸福好宅，是財神爺和幸運之神的最愛。

而此種燈火通明現象，最好能繼續維持到大年初六日早上才關閉。

## 步驟6 ▶▶▶ 元旦走春，迎喜神：

走春，愈走愈春。這句台灣諺語中的「春」，代表的除了喜悅，還有「儲存」、「圓滿」和「豐盛」的意涵。好的開始，是成功的全部。而此種「好」就從大年初一的第一次出門開始，因此這就是習俗

上的「出行」與「走春」。

「開正」：亦即所謂的「開財門」，陶文老師所說的「零點的接財神」放鞭炮就是。不過習俗上還是會選得吉利的時辰「焚香開門」，寅時（早上3點至5點）和辰時（早上7點至9點）。「焚香關門」則取酉時（下午5點15分）。

「出行」：大年初一的第一趟出門，亦稱爲「走喜神方」或「行大運」。逢人道恭喜，具有「心想事成，旺財旺運」的吉利之應。距離必須走365步以上，代表一整年都有好運氣，此法十分應驗，想旺就要執行。

出行吉時和方位：

辰時（7～9點）正東方（貴人方），太歲開門方，大利事業的開創，仕途平步青雲。

巳時（9～11點）正南方（財神方），太歲生門方，代表財運生生不息。

午時（11～13點）正西方（玉印權貴方），太歲杜門方，同時也是己亥豬年的「偏財方」，經商投資求財者的最愛。

依照前述時間與方位出行，至少步行365步之後，再前往廟宇拜拜或出遊即可開啟一整年的好運氣。


## 步驟7 ▶▶▶ 接天神：

大年初四是傳統的「接神日」，亦即迎接天神返回凡間繼續造福百姓的日子。在「送神早，接神晚」的原則下，通常會在傍晚時刻接天神。習俗上也將這一天定為「接財神日」，如果是這樣，那麼下午的申時（15點至17點），是接天神最為理想之時，因為除了「三合」

外，同時也是「偏財星」最旺的時刻。

供品為鮮花、素果和發糕（可用蛋糕代替），如果有燒金紙，請再加上「甲馬」，讓神威更加顯著。

## 步驟8 ▶▶▶ 祭財神：

大年初五是俗稱的「送窮日」，也是將過年期間積累的垃圾送出家門的日子。

這一天是習俗上的「接財神日」，因此行禮如儀就好了。事實上，按照陶文老師建議在「三元及第」和初四就接財神的讀者們，已經開始接受財神爺的護佑了。

## 步驟9 ▶▶▶ 開張、開市拜拜：

新的一年，新的期盼，給自己一個嶄新的開始，那是「今年一定會更好」的信念。

於是，新春開張與開市就不會只是拜拜而已，而是要更好更旺的宣示，告訴自己，也告訴員工夥伴們。因此不論是哪一種宗教，老闆們都必須安排新春開市的儀式，為的是員工的信心，通常這個時候也是設定自我目標的時刻。

對於一般工作者來說，也需要為自己的好運氣開張，在以下的吉日與時辰，前往廟宇拜拜或教堂祈禱，都具有開啟好運氣的效果。

2019己亥豬年迎接好運氣與開運賺大錢的開張吉日：

2月5日星期二（初一）：今年最好的大吉日，財福併至，所有的人都有必要在這一天為自己開啟豬年好運氣。

　　吉利時辰：辰時（7點至9點）財福併旺，巳時（9點至11點）三合時，富貴併臨時。

　　2月7日星期四（初三）：六合日，貴人日，適合服務業，自媒體從事者。

　　吉利時辰：卯時（5點至7點）三合時，人緣磁場最旺的時刻；午時（食神、財祿併旺時）。

　　2月14日星期四（初十）：財祿吉星與官祿吉星併臨，代表名利雙收。

　　吉利時辰：卯時（5點至7點）財源廣進，辰時（7點至9點）貴人時，事業順遂。

　　2月17日星期日（十三）：偏官星、偏財星和開拓星同步旺盛，事業拓展的大吉日。

　　吉利時辰：巳時（9點至1點）官祿星與財祿星併旺，午時（11點至13點）偏財祿吉星最旺，經商投資生意人的最愛。

# 一年一度最強的開運日
# 元宵節

元宵節就是「上元節」，是「上元天官賜福」的大好吉日。據說，在這一天的祈福造吉，不但能夠趨吉避凶，並且有求財得財，求緣得緣的神效。

1. 天官賜福：這一天愈歡樂，運勢愈興旺，而這也是傳統習俗之所以張燈結綵的原因。這是最值得全家出遊賞燈，一同拜拜祈福的大好吉日。

新春期間的走春旺運法這一天依舊適用，早上巳時（9點至11點）往正北方出行，接旺氣。旺人緣，旺財運。

2. 旺情緣：元宵節也是我國傳統的情人節。因此是「月上柳梢頭，人約黃昏後」，邀請愛人共同夜遊觀燈，增進美好情緣的良宵美夕。

有心突破「瓶頸」的男男女女們，不妨一同前往張燈盛會之處，讓目不暇給的花燈、熱鬧的氣氛，喜悅彼此心田。

時間從午時（11點至13點）開始，正西方是開啟情緣磁場的「玉女守門方」，夫妻和夥伴共用午餐，也同樣具有提升伴侶情誼的神效。

3. 求姻緣：前往月老廟，拜拜祈福。吉利時間與方位，午時（11

點至13點）正西方。並且在家中正南方插百合花，吉利時間為未時（下午1點至3點）。

4. **轉運和改運**：上元天官乃賜福之神，生於正月十五日，因此「上元佳節」也就是上元天官賜福的佳節良辰。

拜拜祈福外，最好運用「過橋改運法」，心誠則靈，一般橋樑也具有廟宇中「七星橋」的效應，只不過必須步行通過。

5. **旺財法**：元宵節酉時（17點至19點）正南布「偏財陣」，擺放貼上「陶文圓滿加一財神陣」圖騰的聚寶盆，內置大小幣值具備的101元硬幣，具有化劫財為生財的神效。

# 節慶求好運 這樣拜才會旺

## 頭牙、土地公生（農曆2月2日）

龍抬頭，也是「頭牙」。

老闆們除了請「尾牙」外，「頭牙」的宴會除了感謝還有啟動員工動力的意義。這一天前往土地公廟拜拜，可以祈求一整年的福氣。

## 文昌星君生（農曆2月3日）

前往文昌星君廟拜拜，可以旺事業、利升遷、求功名、旺財富。

## 端午節（農曆5月5日）

最強轉運日，趁機換手氣。錯過了，等明年！

端午節是一年中陽氣最盛的日子。因為，端午之後的「夏至」陰氣將會逐步成長。

因此掌握住這陽氣最旺盛的節日，換手氣、除晦氣，讓好事如願以償。

傳統習俗上，這一天會掛艾草避邪氣，接午時水除瘴氣，製作香包招吉氣，帶香包趨吉避凶，立蛋試運氣……等。這一天，請繫上「長命縷」亦即五色線，記得要打七個結稱為「七氣結」，盡納功

名、利祿、財富、壽喜之吉氣。

　　早上巳時（9點至11點）前往西南方的土地公廟拜拜祈福，請回錢母放置在屋宅的客廳或櫥櫃聚寶盆內，具有旺財富與家運的效果。

## 七夕拜魁星（農曆7月7日）

　　七夕除了是情人節之外，拜魁星，吃牛角麵包，具有頭角崢嶸之意，前往廟宇或在夜晚時分朝著北斗星方向默拜。

## 中元節地關赦罪日（農曆7月15日）

　　拜拜，普渡，放水燈，消災解厄。也是一年一度最靈驗的補財庫日。

　　很多人只知道七月是傳統鬼月，要祭拜好兄弟，讓整體環境磁場更正向。卻有很多人不知道，傳統七月的中元節，其實是一年當中最為理想的「補財庫」吉日。

　　中元節是「地官赦罪」的日子，這一天的祭祀是以「地官清虛大帝」為主。

　　在這一天，除了祭祀外，有人會將自己的姓名和請求贖罪事項，書寫下來深埋在泥土裡，然後捐獻資源或金錢給弱勢團體，早期的社會是捐獻白米五斗。

　　雖然7月15日這一天不作逛，不過還是前往住宅附近土地公廟，祭拜土地公，最重要的是，要和土地公的坐騎「黑虎大將軍」換錢母。

　　時間：午時（11點至13點），方位東南方；申時（15點至17點），方位正西方。

將換得的「錢母」分成三份，一份放在住家或辦公室的財庫位，一份存在銀行，一份用紅包袋包好後隨身攜帶，而這就是既簡單，又管用的「補財庫法」。

　　雖然每個月的初一、初二、十五和十六，都可以執行，不過7月15日中元節的效果特別奇特。

## 中秋節（農曆8月15日）

　　積緣、補運這一天最靈驗，趕緊掌握這一天，否則只有等明年！

　　8月15日中秋節，大家都知道是月圓人團圓的好日子。不過很少人知道，這一天是開啟好運氣的大吉日。

　　早期許多人家會在這一天拜月娘。只知道，拜了之後家宅會圓滿平安，小孩會頭好壯壯，平安順遂。卻不知道，8月15日是一年中最靈驗的積緣補運日。

　　在這一天的拜拜，可消除霉運，提升財運，讓好運更勝去年。那就是祭拜——龍德星君。（據說就是當年流年太歲星）

　　除此之外，這一天的風水布局，具有旺運、發財富的神效。

## 重陽節（農曆9月9日）

　　登高、賞菊、喝菊花茶或酒，趨吉避凶，步步高陞。別忘了「敬老尊賢」，這是最佳狗腿日。

# 冬至吃湯圓（農曆11月27日）

　　冬至一陽生，吃湯圓升陽氣。白色湯圓添貴氣，紅色湯圓旺姻緣與人緣。祭拜祖先，旺子孫。

2019

己亥年

# 易經論股

| 解讀台股 |

# 堅守短線為王
# 樂觀高點落在第一季

　　你是用什麼樣的心情迎接2019己亥豬年的投資市場？是擔心受怕？還是老神在在？

　　如果2019己亥豬年是財富重新分配之年，你期待嗎？重點是，你準備好了嗎？

　　市場盛傳的10年經濟大崩盤，似乎已經看到了跡象，就在陶文執筆的當下，全球正處於「獵殺紅色10月」狀態，一波波的股災陰霾下，美股吐回一整年的漲幅，台股接近去年卦象預測的9,400低點位置，陸股熊隻已然出沒，全球投資市場儼然轉空。

　　如今回顧，「不怕一萬，只怕萬一」的卦象訊息應驗了，史上最長的萬點紀錄也跌破了，接下來2019的台股盤勢該如何面對呢？且讓我們用「另類觀點」的角度觀察之。

　　2019年有幾個重大磁場事件值得關注。其一，歲次己亥是老祖先

口中的「財多身弱，富屋貧人」年，代表的是即便市場機會看起來很多，但卻是很難賺到錢，而這種現象也是60年來只有一次。因此在這一年的投資求財必須嚴守紀律，設妥區間嚴格執行「止損」策略。

其二，天星盤中土星會相冥王星的現象40年左右出現一次，而土星會相冥王星出現在山羊座，則是700年左右出現一次。這個涵蓋一整年的天星現象，讓貿易戰議題持續影響投資市場，投資人有必要謹慎面對這個議題擬定恰當的投資策略。而另一個意義則是不宜再迷信大公司和大型股，因為財富容易出現在體質輕盈、物美價廉的投資標的上。

【雷天大壯】是2019年台股投資求財卦象。就字面上看來，這是個聲勢浩大的卦象，因為陽氣壯盛，按理說這一卦的盤勢應該是震盪向上的，因為陽氣代表的就是多方。不過可惜的是，由於卦象中的多空結構並不利多方，這一卦出現在2019年恐怕只會帶來震盪，方向就未必是向上了。

就卦象而言，有利於盤勢的能量依舊出現在第一季，而這也是容易出現高點的時間。由於【雷天大壯卦】的時序是在農曆二月，再加上《雜卦傳》說「大壯則止」，因此當高點出現的時候代表接下來的盤勢恐怕就不好玩了。雖然如此，第三季還是容易出現觸底反彈機會，時間點容易出現在農曆七月，這個時候的低接可望營造不看好中的機會財利。

萬點將會成為盤勢努力的目標，卻也是不容易突破的鍋蓋區。10年線是卦象預期要守住的位置，也就是8,800點附近。再以卦象角度來說，由於卦象關鍵數字為3、8，因此9,300點將會是卦象的預測高點，而卦象中的市場樂觀高點則期望出現在9,800點附近，時間點則是第一季；至於卦象中的預測低點是8,300點附近，7,800點是最不樂見的位置，但願沒有機會出現，時間點容易出現在第三季。

　　值得提醒的是，外資和國際財金動向依舊是關注焦點，就像觀風向一樣。至於政策利多雖然將層出不窮，但都有必要以賣點解讀之。短線為王，現金為霸，堅守這兩個原則，才會是真正的贏家。

# 遇到瓶頸 轉變投資方向

消費性電子股一直以來都是市場的寵兒，也是大盤能量的提供者，不過從去年開始已經出現變化。於是電子類股的何去何從已經成為市場討論議題，投資人開始質疑電子股的投資價值。

從「另類觀察」的角度，並不難獲得觀察。天王星逆行從金牛座回到白羊座是去年第四季的事情，再加上金星逆行衝剋天王星，於是讓電子股成為了最大的受害者，因此「你還在購買消費性電子股？」的聲音出現在市場上。情形真的這麼糟嗎？

【水澤節】是電子類股在2019年的投資求財卦象。正面的意義在於「步步攀升」，而負面則是「節節敗退」，從卦象多空結構看來屬於後者，不過從卦象五行結構看來卻又屬於前者。簡單地說，電子股並沒有想像中的不堪，而是遇到了瓶頸，因此有必要轉變投資方向，亦即從消費性電子股轉移到具有傳統鍊結的標的上。例如：雲端概念的資料中心、5G、AI、電玩產業、汽車電子、電動車……等。

從天星角度觀察。天王星將於1月恢復順行，而再度進入金牛座

的時間則是3月，因此這段期間的消費性電子股依舊有商機。只是天王星將於8月再度進入逆行，一直延續到2020年的1月，這段期間則是非消費性電子股的活躍期，投資人的買賣策略值得推敲之。

　　回到【水澤節卦】的角度，如果想參與2019年的財富重新分配行列，則還是建議將資金轉移到具傳感概念的商用電子標的為佳。

**| 台股金融股 |**

# 謹慎以對　營造短線財利

　　一度攀上19年新高的金融類股，最後還是不堪國際財金變數的衝擊，在去年第四季中將一整年的辛勞全數吐光。此種上下震盪急遽的現象，符合了卦象的預期，區間財利果然豐碩。

　　進入2019年恐怕就不是如此了，只因為2019年的歲次是己亥，這其中並沒有提供金融股強壯的元素，反而多了影響的能量，升息就是最大的干擾，因此從太歲五行角度來說，金融股的投資求財恐怕要謹慎了。

　　再以天星角度來說，春分盤中位於寶瓶座的金星，雖然接獲了木星的祝福，代表趨勢發展處於正軌上，不過卻因為火星的刑剋，而造成政策上的壓力，於是金融類股的投資的確有必要謹慎以對。

　　無獨有偶的是，2019年金融股投資求財卦象，卻也占得了不容易有所表現的【風天小畜卦】。

　　一般來說，【風天小畜】容易得到「積蓄、畜養」的解讀，不過

就「風」在「天」上運行的角度來說，這個「風」自然是處於淤滯狀態，因此才會有了「密雲不雨」的說法，那就是沉悶。如此看來，2019年的金融股還真的不會是理想的投資標的。

不過就卦象中的多空結構角度來說，卻依舊充滿著短線投機的機會財利。那就是第二季的低接，有機會營造第三季的區間財利。

**台股生技股**

# 順勢而為　財利運勢以春夏為旺

　　天星盤中和醫藥有關的行星是木星，因此木星的相位吉凶得以觀察與醫藥有關的生技股動向。

　　2019年春分盤中的木星相位並不理想，除了刑剋太陰星外，同時也刑剋太陽，因而出現一種極為不協調的「三刑會沖」相位，因此對於生技股的投資恐怕不宜過於熱衷。不過幸運的是，金星與木星處於吉利的六合狀態，因此生技股並非無利可圖，至於這個部份讓我們用卦象角度搭配解讀。

　　【澤雷隨】是2019年生技股投資求財卦象。「隨」具有跟隨、隨緣的意涵，更具有順勢而為的味道，不論是前者，還是後者，都不具有主動出擊的行動力。就此種特質觀察生技股，應該十分貼切，雖然有許多新藥和有利於生技股的新政策出現，不過生技股一直以來都被視為資金避風港的角色，這種情況並不容易改變，因此占得【澤雷隨卦】的今年，對於生技股的投資買賣有必要依隨市場變化運作。

這樣的說法，代表生技股並不會因為木星的相位不佳而無利可圖。再以卦象中的多空結構角度看來，空方氣勢並不強，不過多方步調卻十分凌亂，再加上缺乏關愛的主力，順著盤勢運作的確是值得參考的策略。整體而言，生技股的財利將會以春末與夏季較為理想。

**│台股營建股│**

# 房市盤整　進場選擇好標的

　　每一次演講都會聽到的問題，就是「房價什麼時候會落底？」而媒體也不斷出現房價會崩盤的消息，但是等了這麼多年，即便市場交易不很活絡，卻也沒有見到崩盤的現象，而這就是為什麼贏家就只有20%的原因。

　　2019房價落底的訊息一直都存在，相信也有很多人都在期待落底之後的承接，且讓我們用「另類觀察」的角度來看看房地產在2019年到底會如何發展。

　　從天星角度看來，代表房地產的主星出現在「辛苦有成」的位置，成為「紙鳶天象」的尾巴，代表「2019年房地產落底」的期待將會落空，卻代表這個時候反而是有意購買或需要購買屋宅的買家進場。

　　再從歲次己亥的角度觀察，將會發覺投資市場不景氣，投資標的又很難掌握，最為理想的保值策略將會出現在房地產上頭，趁著房市仍處於盤整階段，進場選擇適合自己居住的好標的，甚至可以精

挑細選風水磁場理想的屋宅，再等幾年景氣復甦，贏家就會出現在你家。

【火雷噬嗑】是2019年台灣房地產投資求財卦象。這是個困難還未解除的卦象，代表市場的交易還是處於不熱絡的狀態，不過卦象中在尋覓適合屋宅和換屋的訊息卻十分明顯，因此即便市場狀態依舊是賣方主導，不過惜售與只租不賣的現象還是存在。

再從卦象中的多空結構角度看來，代表房價的財星氣勢頗佳，即便因為進入己亥年而有所改變，房價的議價空間放大，但崩盤的預期還是不宜一廂情願。在陶文40年的風水堪輿經驗中，發覺精挑細選好風水比買到俗價屋宅要幸運多了。綜而言之，衡量自己的需求，生活的便利，這是選擇風水好宅的流年。

# 且戰且走　內需概念股值得關注

2019年歲次干支是己亥，天干是「己土」，地支是「亥水」。除此之外，並無其他五行元素，如果真要挖掘，也只能挖出「甲木」的根，這是個水氣旺盛的流年，代表傳產業的「土星」，身影雖然明顯，不過氣勢不佳，當整體財金趨勢將會進入「不理想期」的時候，內需傳產概念股將會是值得關注的標的。

天星盤中代表傳產的土星出現在山羊座，以會相的方式和冥王星相遇，這是個700年才會出現一次的天象。一般來說，這種天象代表的是「毀滅」，再加上出現在星盤中代表政治的位置，因此可以預測的是這是個政局大洗盤的一年。

延續這樣的看法，對於執政當局而言，掌握領導政局最好的策略自然是穩定物價，因此內需概念股將會因而受益。不過也從700年一次土冥在山羊座的會相觀察，美中貿易戰並不容易化解，因此傳產概念股的投資仍舊需要且戰且走的策略。

無巧不成書，2019傳產股投資求財卦象，卻也占得了辛苦備嘗的

【火山旅卦】。占得此卦傳產概念股的投資買賣，有必要避開處於夕陽狀態的產業標的。尋找具有轉型概念的標的，營造不被預期中的財利。整體而言，除非是通路與民生概念股，否則傳產股的著墨不宜過深。

# 金融市場動盪
# 增加現金部分的持有

今年有一個700年出現一次的天象，那就是土星和冥王星在山羊座會相，大環境將是一種政治大洗盤。

2019風暴再起！這是市場上不斷出現的訊息，因為10年一循環的魔咒並未出現在2018年，即便全球市場在2018年10月已然失血超過5兆美元，還是沒有消弭市場的擔憂，而另一股憂心力量反而出現了，那就是史上最長的牛市是否即將結束。讓我們用「另類觀點」的角度觀察之。

首先，讓我們觀察天星的訊息。2019年春分盤中代表國際財金的木星處於四面受敵的狀態，同時刑剋處於對沖狀態的太陽與月亮，而形成了極為不協調的「木、日、月三刑會沖」，從中可以獲得觀察的是2019年的國際財金市場必然會出現震盪的態勢。當市場不安全感竄起之際，就是牛市出現修正的時候。

雖然星盤中出現了難得一見的「風箏格局」，由水星引導，左翼

是火星，右翼是冥王星和土星，尾翼則是月亮，即便這隻「風箏」骨架不是很正，不過還是有機會執行滑翔任務，因而可以預測這一年的市場還不至於出現大崩盤，卻是一種屬於進入著陸趨勢的狀態，因此尋找機會逐步調節持股，增加現金部位的持有，將會是2019讓自己成為投資贏家的趨吉避凶。

另外值得一提的是700年才出現一次的天象，那就是冥王星和土星會相於山羊座。根據過去的經驗這是一種政治大變局的寫照，如果搭配負面磁場則是改朝換代，而今年卻出現了火星和月亮的三合，這個出現在春分盤上的「吉利大三角」，代表的是跛扈的政局將會繼續跛扈，也唯有蠻幹才有機會主導局勢，因為騎虎難下。因此可以預見的是，川普還是會繼續影響國際局勢變化。而以國家主義為主要意識的貿易戰，也不會只是虛張聲勢而已。

# 美國、歐洲、中國

## 美國 ▶▶ 多空紛紜 表現差強人意

市場上出現了預計FED將會減少於2019年升息的次數，而根據統計市場也下修了2019年的升息預期。對於專家而言，他們評估的是「減稅利多降溫」與「企業盈餘成長放緩」，因此認為美國經濟成長率將會持續走軟。

就「另類觀點」的角度來說，則是因為占得了功敗垂成的【火水未濟卦】，而認為美國經濟降溫的風險的確逐步攀高。

雖然如此，沒有任何國家政府會坐視經濟降溫，因此【火水未濟卦】中也出現了許多救贖的政策，就像冥王星和土星在山羊座會相一般，用政策解救經濟危機。

由於美國經濟是世界經濟的指標，因此此種現象也由天星盤中獲得觀察。那就是，代表財金的金星和木星處於吉利的六合狀態，因此整體長線趨勢依舊向上，而流年的短線狀態卻因為金星刑剋火星而遭

到阻礙，也代表經濟上的降溫最大的影響元素就是政策改革，而貨幣政策就是其中之一。

再從卦象中的多空結構角度觀察。政策的強力主導雖然隱藏在幕後，不過力道卻沒有減輕，因此FED的貨幣政策不容易出現變化，而經濟的影響也將會如期出現。

多空紛紜是目前美股的市場聲音。看多的人認為2019年美股至少還要上漲10至15％，而擔憂者則認為熊隻出沒的訊息已然出現，因此有人認為存在40-50％的修正空間。股市投資求財就是如此，不是樂觀過了頭，就是悲觀到了極點，而「另類觀點」最為客觀，且讓我們換個角度與模式解讀看看。

天星盤中，太陽代表的就是股市投資求財，因為箇中的投機味道十分濃厚。在春分盤中太陽的相位並不理想，由於美股是國際股票市場的先驅指標，因此可以預期的是，美股在2019年的表現將會差強人意。

無獨有偶的是，2019年美股投資求財卦象占得了震盪現象強烈的【雷天大壯卦】。按理說「大壯」代表的意思就是「壯大」，因此沒有理由看衰美股，不過從卦象中的多空架構看來，卻十分不利多方。

23,000點附近是美股的關鍵震盪點，由於關鍵數字是2、1、3、4，因此高點24,000點附近，容易出現在第一季，低點為21,000點上下，則容易出現在第三季的機率較高。

## 歐洲 ▶▶▶ 意識衝擊 尋求新的共識

　　歐元區經濟增速意外出現4年來的最低水平，這是2018年10月歐盟統計局所公布的訊息。於是市場上對於歐元區的擔憂不脛而走，貿易戰、脫歐事件、歐洲政治……都是影響未來的不確定因素。在學者一遍不看好的聲浪中，且讓我們用「另類觀點」的角度觀察之。

　　【兌為澤】是2019年歐元區經濟發展卦象。這是個眾說紛紜的卦象，同時也具有轉型的味道，由於屬於六沖卦之一，因此歐元區的難題並不容易化解，因為牽扯的層面太廣了，而【兌為澤】就是這樣的卦象，光是政治議題就充滿著各說各話的現象。

　　雖然如此，就卦象中的多空結構角度觀察，卻發現了歐元區的確會發生意識形態的衝擊，但情況未必會像專家們所推論的那麼不堪。畢竟在經過衝擊之後，容易找到改變的方式和新的共識，這是個極為微妙的卦象。

## 中國 ▶▶▶ 養精蓄銳 營造機會財利

市場上對於中國經濟擔憂的聲音只有多不會少，原因大多是美中貿易戰的議題上，國際專家學者都認為，即便中國政府運用財政和貨幣政策刺激經濟，但預計2019年中國經濟還是會放緩。

事實上，經濟放緩的不只是中國，而是國際整體的現象，只不過美中貿易戰的影響較為顯著，而這些都可以從天星盤中木、日、月三刑會沖的不協調天象中加以觀察。而出現在2019年的特殊現象卻也透露出另一種訊息，那就是大國未必會崩潰，尤其是中國。

冥王星和土星會相在山羊座，只有700年左右才會出現一次，一般都意味著重大朝代的崩落或超大人物的隕落，而出現在2019年的天象卻受到「吉利大三角」的呵護，因此中國經濟在專家的眼中再怎麼不佳，也未必需要悲觀以對。

【山天大畜】是2019年中國經濟走勢卦象。這一卦說的是「大大畜養」，代表的是養精蓄銳，自然也是象徵著整理與調整，雖然卦象中隱藏著改革的隱憂，不過從卦象中的氣數結構角度看來，這樣的改革即便遇到了困難都是有價值的。

綜而言之，中國經濟和國際經濟一樣容易出現緩象，不過卻也存在著一種觸底反彈的味道。

就在官員信心喊話之後，上證大盤在2018年10月22日反彈向上，接著都在2,600點上下震盪，再加上量能也出現增溫，市場對於上證股市的確多了信心。不要懷疑，這就是中國股市的特質，順勢而為才是智者之舉。

　　雖然2019年上證股市投資求財卦象，占得了代表壓力與變化較大的【澤風大過卦】，不過在政府呵護的力量存在的情況下，下跌都會是營造機會財利的買點。

　　就卦象而言，中國上證股市恐怕是國際股市在2019年一枝獨秀的市場，卦象中的多空結構出現微妙的變化，那是不論國際市場是多還是空，上證股市就是下跌不易。整體而言，2018年的利好有機會延續到2019年春天，接下來的夏季有機會尋找承接低點，再營造秋冬的階段財利。不過還是要提醒的是，市場所謂的大牛市並不容易出現在2019年，因為指數極容易在2,600點上下200點之間震盪，而機會財利也將盡在其中。

| 原物料布局 |

# 黃金、石油、原物料

## 黃金 ▶▶ 審慎不躁進　有機會獲得市場青睞

　　黃金在過去的一年受到了不平等待遇，市場的關愛眼神在於美元部位。於是市場出現了問號與聲音，那就是：黃金要如何投資？以及，黃金到底值不值得投資？

　　在「另類觀點」的觀察中，天星盤中的木星和金星的動向與吉星相位，通常會是推測走勢與投資策略的觀察焦點。

　　在2019年春分盤中的木星與金星，雖然出現彼此正向連結的吉利相位，代表黃金還是市場的最愛，只不過由於木星和金星有各自的負面牽絆，因此在2019年想要有亮眼的表現並不容易。然而就市場的避險與傳統需求，對於黃金還是具有聚能的作用。

　　有意思的是，在如此天象下2019年黃金投資求財卦象，卻也占得了整理與打底味道濃厚的【地雷復卦】。

這一卦的主軸意涵在於不躁進，但也不悲觀，因為2019下半年之後金價有機會獲得市場關愛。整體而言，即便是【地雷復卦】反覆盤勢，還是有機會見到微笑曲線，由於卦象的關鍵數字在於2、3、4，因此預計在1,300元附近震盪的機率頗大。

## 石油 ▶▶ 價格不易走高 第三季渴望攀高

　　【天水訟】是2019年原油走勢卦象。這是個爭議性很強的卦象，卦象中十分明顯的「乾卦」，代表的就是各國政府與國際政局，尤其是在川普總統繼續展現讓人出其不意的措施下，油價不再是單純地因為供需而決定。換個角度來說，過去一年的油價取決於人為因素，而這樣的因素將會在2019年持續發酵。

　　在天星盤中火星是觀察油價的代表行星。雖然春分盤中火星刑剋金星，代表經濟、匯率、股市都會影響油價，不過木星對於火星的合相，卻又助長油價的攀升，代表的是市場買賣操作因素使然。

　　【天水訟】並不是個好卦，對於投資求財而言，這是個價格不容易走高的卦象，因此可以預期甫入2019年的時段，油價並不容易有所表現，而由於卦象中的有利油價的關鍵時間點出現在第三季，因此預計下半年至年底，油價還是有機會再度攀高。再以卦象中的關鍵數字為2、6、7、5，油價極容易在65元上下10元左右表現。

## 原物料 ▶▶▶ 否極泰來　採定期定額方式布局

冥王星和土星在山羊座會相，這是700年一次的大盛事，而這個跨世紀的大事也出現在2019年春分盤的政治位置，因此可以看到的現象是這一年的星空肯定是政局震盪，政治議題只會增不會減。

由於冥王星是顆破壞與建設的行星，而土星的特質領域就是內需與傳統建設，因此可以預期看到的現象將會是基礎建設的部份會十分活絡。例如印度的鐵路、公路、智慧資源、廢棄物管理、水資源、電力與電網，以及合宜住宅等，還有這段期間正巧是各國關鍵性的選舉時間點。

因此有機會帶動基礎建設計畫，更多像智慧城市的建構……，預期有機會帶動原物料的後勢。

【地天泰】是2019年原物料投資求財卦象。

這一卦說的是「否極泰來」，可以聯想的自然是新興國家的經濟與財務狀況改善，雖然卦象中的多空結構並不利多方，再加上市場上積極投資的動力不如預期，天象中所預期的榮景，恐怕要到下半年之後才有機會獲得實現。因此就卦象角度來說，原物料概念標的有必要以定期定額的方式布局。

# 美元、歐元、人民幣、台幣

## 美元 ▶▶ 繼續強勢 謹慎留意轉折點

雖然經濟放緩聲音不絕於耳，不過FED的升息步伐卻沒有停歇，說明了一件事就是經濟大趨勢依舊是向上的，此種現象與天星盤中位於「國際趨勢宮位」有關，只不過由於2019年春分盤中的相位不佳，因此容易出現短線上的趨緩，而冥王星和土星會相在山羊座的現象，也凸顯出國際政爭有增無減。因此在投資求財的趨吉避凶上，對於匯率的專注不宜小覷。

【風水渙】是2019年美元指數走勢卦象。雖然升息有助於美元的繼續強勢，不過由於卦象中多空結構卻不利於美元的繼續強勢，因此上半年還是有機會繼續作多美元，然而下半年之後就有必要謹慎留意轉折點的出現。即便如此，整體來說，【風水渙】並不是一個壞卦，其主要精神在於順勢而為，務實為上。

## 歐元 ▶▶ 政策性調整 出現升值走勢

隨著歐元區經濟的走緩，歐元區的信心也出現了一年半的新低。

不過在占得和歐元區經濟發展相同的【兌為澤卦】之後，發覺歐元也同樣容易出現政策性的調整，屆時歐元區的政治事務可望獲得舒緩或化解，再加上升息的機率也出現在卦象訊息中，因此歐元相對美元容易出現升值走勢。而這樣的現象也從天星盤中的木星六合金星的吉利相位中獲得觀察。

【兌為澤】是個物極必反的卦象，也是個務實而靈活的卦象，整體卦象的主軸在於趨吉避凶，為的就是穩定。再觀察卦象中的多空結構，發覺升值的能量獲得挹注，而由於關鍵數字為1、2、4，因此短線上容易1.13上下震盪一段時間，下半年之後有機會往1.2的附近靠攏。

## 人民幣 ▶▶▶ 財利有限 不建議投資貨幣

　　美元強勢，FED持續升息，美中貿易戰烏雲密布，再加上中國經濟增長減緩，人民幣和新興市場貨幣都受到了壓抑。市場上對於2019年人民幣的看法幾乎一致，那就是貶值至7.3附近。這是財經專業研究後的看法，可信度是很高的，只是面對冥王星和土星會相於山羊座的今年，或許我們可以運用非經濟因素的看法，畢竟這是700年才出現一次的天象，更何況還是以正向的能量登場。

　　【天火同人】是2019年人民幣走勢卦象。這一卦可以說成「同心協力」，但對於投資求財而言，卻成為了「與人分金」的卦象，代表的是財利有限。卦象中布滿了政治的影子與政策的運作，對於能力集中的市場而言，這一卦反而是吉利的，這個吉利說的是再度貶值的疑慮，沒有市場預期中的不堪。因此貶值到7或破7，並不重要，重要的是經濟是否因而得到了適時的緩衝。

　　就卦象而言，人民幣指數值得參考，而從貨幣投資的角度來說，卻是不建議。畢竟「與人分金」的卦象，並不符合投資的正向意涵。

# 台幣 ▶▶▶ 掌握階段獲利 機會點在秋天

【雷風恆卦】是2019年台幣對美元匯率走勢卦象。這一卦說的故事背景是「變化不大」，即便市場上預期美元走弱，美國經濟不再獨強的聲音頗盛，不過台幣出現大幅度走弱的機率並不大。

觀察2018年美元匯率呈現強勢格局的原因，不外乎美國經濟獨強、減稅政策的吸金效應和美元成為避險要角……等。而這些現象卻在去年的【震為雷卦】中獲得預探，果然在29與31之間震盪。

再從天星角度觀察，木星和金星的吉利合相，透露出匯率買賣依舊是理想的投資策略；再從冥王星和土星700年一次在山羊座會相的角度來說，即便市場預期美國獨強的現象容易出現變化，但強者恆強卻是天星的主要訊息，因此美元計價部位的投資標的還是值得關注。

【雷風恆】不是個隨機應變的卦象，而是具有恆久不變的意涵，因此美金的強勢貨幣地位，並不容易在2019年出現太大的變數。居於此種觀察，再加上卦象中的關鍵數字為1、8、3、4，因此新台幣兌美元匯率，還是容易30元上下1元附近。只是，再就卦象中出現了短線獲利的訊息，因此有必要掌握階段獲利機點，就卦象而言，這樣的機會點以秋天最為明顯。

2019

己亥年

# 風水造吉

# 開運很簡單，自然是最好的風水

　　己亥豬年是60年出現一次的典型「過路財神年」，這一年中整個社會的氛圍都在繞著錢打轉。然而，如果方法與磁場不對，你和錢之間，就像兩塊同性的磁鐵碰撞一樣，只會愈追距離愈遠。如果你很想賺錢，如果你很想發財致富，那麼這本流年風水布局秘笈將會幫你完成願望。

　　己亥豬年屬於太歲坐擁正財祿的組合，按理說這是個「財富滿盈」的格局，不過可惜的是在太歲的五行結構中，只出現「正財祿水星」與「太歲土星」，其餘五行全部從缺，因此這將會是個「滿城盡是黃金影」的流年，也就是傳統命理所說的「財多身弱」，財富只是海市蜃樓，過眼雲煙。

　　雖然如此，只要在居家風水布局中補足太歲星所缺乏的五行，其實就有機會以扭轉乾坤的方式，為自己改變流年命運。換個角度來說，除非你有過人的理財本領，否則只有提升自己的運氣，才有可能讓這一年過得平安順遂，更有機會營造預期中的財富，而風水布局是最簡單、最快速，並且全家受益的趨吉避凶策略。

　　無獨有偶的是，流年風水中代表財富星的「八白左輔星」進入了主導位置，因此2019成為了「八白左輔年」。

　　「八白左輔星」也被稱為「大財富星」，成為己亥豬年的風

水主導星，就像己亥豬年的「太歲坐擁正財祿」一樣，「滿城盡是黃金影」就看我們如何讓「黃金財富」成為真實的擁有，而不只是泡影。

　　開運很簡單，就從相信開始。開運很簡單，只要願意執行，不需要花大錢，也不需要把住宅或辦公室搞得神秘兮兮，自然的元素，美觀的擺設，就可以開運，因為陶文認為「自然才是最好的風水」。依照「奇門遁甲」的時間布局，風水正能量將獲得神奇而顯著的效果。

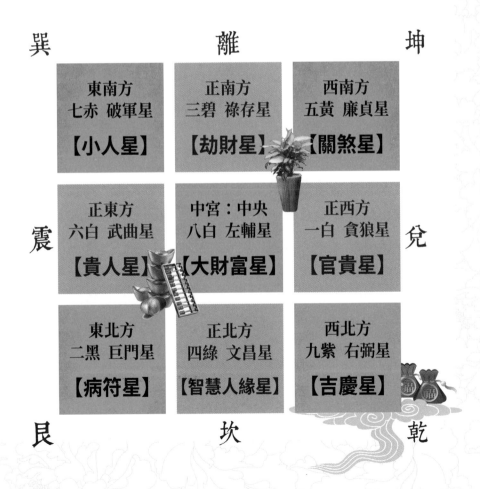

正北方

# 礦石聚寶盆
# 興旺文昌星

職場人脈很重要，人脈就是錢脈，如何用風水活躍人脈能量呢？市場不景氣，業績壓力很大，是否有提升成交率的風水秘訣？我們家小孩要考試，大人要考核，如何打造有利考試和甄試的好風水？我們是服務業，除了誠心服務客戶外，聽說有提升回客率的風水，那要怎麼做？

「文昌星」是學生考運的守護神，同時也是人緣能量的供應星曜，人緣正能量活躍了，小人自然退散。很多人為了提升「文昌星」能量，會到文昌廟拜拜，卻忽略了家中或辦公室「文昌位」的布局與呵護。

「文昌星」職掌的是「福祿之位」，正能量獲得提升的時候，大利甲第登科、加官晉爵、婚姻美滿、生意興隆……，不過如果布局不佳或錯誤配置，則反而會將不利的元素彰顯，這個時候的「文昌星」就變成了凶星了。這是一種「水可載舟，亦可覆舟」的概念，用心布局流年「文昌位」讓全家或公司興盛繁榮。

「文昌星」喜歡明亮乾淨與芬芳，因此「文昌位」要維持整潔，最適宜擺放自然的精油或花卉。「文昌星」的五行屬木，因此喜歡水和木的元素，綠色盆栽和水族箱都是理想開運聖物。

　　2019己亥豬年的「文昌星」飛臨「正北方」，這是如魚得水的位置，北方的水會生文昌木，因此今年這個位置無論如何都要好好布局，因為這將會是9年出現一次的「細水長流財位」。

　　點一盞「文昌燈」，就是所謂的「光明燈」，立燈、檯燈皆可，但礦石文昌燈最為理想。另外，再擺放一個聚寶盆，聚寶盆底部貼上「陶文圓滿加一祿神陣」圖騰，內置101顆硬幣（方法請見中宮篇），讓經商買賣和業務行銷更順遂、更如意，進入心想事成境界。

# 圓形魚缸
# 化煞旺財富

家人總是出現無名火，又找不到原因，風水布局可以化解嗎？即便陽光、空氣、動線一樣不差，卻總是有一種鬱悶與不安全的感覺，到底怎麼了？

公司人事老是處於動盪狀態，是否風水哪裡出了問題？

生活中有許多無法解答的問題，面對此種芒刺在背的感覺，往往只有求神問卜與禱告，事實上可以從晦氣聚集的「五黃位」開始著手。「五黃」是顆煞星，是空間負面能量聚集的地方，風水家無不避之猶恐不及。

「五黃煞」是顆大凶星，由於匯聚了四面八方的晦氣，因此最好的策略就是開窗或門釋放出去，這就是為什麼一般住宅的前方中央位置不宜放置重物，最好開窗或門的原因，因為那是屋宅「五黃煞」的位置。

流年「五黃煞」更是不宜忽略，2019己亥豬年的「五黃煞」飛臨「西南方」，這個位置忌諱大興土木，更需要避開高溫、震

盪和重物，否則容易造成家人不睦，健康和財富受損，投資失利，嚴重冒犯很可能會損人丁。

「五黃煞星」五行屬土，因此「金」是化解的重要元素，早期風水師父都建議懸掛銅鈴，或擺放銅材質的麒麟或貔貅，就是取「土生金」而「金洩土」的原理。只是在講求自然原則的現在，已然以白水晶球或白色陶瓷大象取代之。事實上，就目前「元運」角度來說，西南方恰當布局不但可「化煞為權」有利事業，同時可以旺財富。

準備圓形金魚缸，大肚收口荷葉邊，魚缸底下貼上「陶文圓滿加一喜神陣」圖騰，內置陰陽水與海鹽（比例三比一），再放置六個一元硬幣，則化煞與旺財富一應俱全，在早期的師父傳承裡，也將此法用在「五鬼運財術」中。

正東方

# 紫水晶球
# 提升貴人磁場

對於千里馬來說，伯樂就是最大的貴人，只是我的伯樂何時才會出現？可以運用風水布局提升我的貴人運嗎？為什麼總是無法得到長官主管的青睞？我已經很努力表現了！會做人，比會做事重要多了，真的嗎？是不是我的貴人運不佳，該如何提升？

什麼是貴人？就是怎麼看你都順眼的人。就是願意接納你小錯誤的人。就是願意提供機會讓你展現才華的人。其實不論是對上了眼，還是磁場對盤，這種「貴人願意扶持」的感覺是很微妙的。

有人說「在尋找貴人之前，先成為別人的貴人」。而這也是「貴人風水磁場」的動力之一，也就是說「貴人風水磁場」布局得好，不但可以得到貴人的青睞和援助，同時也會啟動自己內心世界的貴人能量，成為別人的貴人，進而讓自己受惠。

風水布局中有一顆「貴人星」，被稱為「六白武曲金」，是顆極為尊貴的官貴星，主掌的是升官得利、職場亨通、出入進

貴、巨富多丁、子孝孫賢……。2019己亥豬年，這一顆官貴星飛臨「正東方」，獲得了東方旺盛的動力支持，在這個位置良好而到位的風水布局，對於事業的發動具有強大的力量。

紫氣東來是貴氣盈門的象徵，因此許多企業家喜歡在「官貴位」擺放紫水晶球或紫晶洞，提升貴氣，身為高階主管或經營政府標案的人值得嘗試。

另外擺放馬的雕塑或懸掛馬的圖騰，也具有催動「祿馬吉神」的效應，請記得馬頭務必向外，以便外出爭取功名。

溫馨提醒在這個位置的開運擺件或圖畫上貼上「陶文圓滿加一祿神陣」，將會感受到如同「驛馬星」受到鞭策的速發神效。

# 彩色山水畫
# 增加事業財運

**東南方**

你想斬小人嗎？不！應該說，你想秒殺小人嗎？

你知道如何化小人為貴人嗎？

你知道只要風水布局做得好，職場小人就會遠離退散嗎？

　　職場小人何其多，很多、很多的人都想著要如何擊退小人。有人說「接受你不喜歡的人，小人就會隨之減少，甚至於消失」，也有人說「自己才是最大的小人，因此心中沒有小人，現實世界中就不會有小人」。問題是，我努力做了，可小人還是這麼多！怎麼辦？

　　「奇門遁甲」風水學中有一顆典型的「小人星」，就是「七赤破軍星」，也是顆容易傳播是是非非的口舌星。在風水布局中，這顆星非好好化解不可，因為就磁場角度來說，即便沒有出現真正的小人，也容易出現自我猶豫躊躇的聲音。因此把「七赤破軍星」的空間風水搞順了，不但小人秒殺了，同時「小聲音」也消失了。

　　「七赤破軍星」五行屬金，是顆耗洩之星，由於和秋天的金

氣相呼應，於是有了肅煞之星的稱謂。然而，「七赤破軍星」同時也是顆具有「大破大立」魄力的星曜，因此陶文老師經常將許多企業的「先鋒部隊」擺在這個位置，反而創造了許多「奇蹟式的可能」。

　　2019年己亥豬年的「七赤破軍星」飛臨到東南方，這是「智慧」與「魄力」結合的位置，企業家們最適宜將企業地圖貼在此處，那是一種宣誓和插旗的意義。懸掛五行俱全的彩色山水圖，山巒氣勢務必柔和秀麗，可助開疆闢地。另外擺放鹿的雕飾，鹿的頭宜向內取其「進祿」的意涵。而擺放鈦金礦石或骨幹水晶則事業氣勢更強。

　　上班族可在電腦螢幕、滑鼠、電話或桌墊上黏貼「陶文圓滿加一喜神陣」圖騰，則小人秒殺，客訴消散，貴人浮現。

中宮方

# 陶甕聚寶盆
# 廣納四方財富

我想要有錢！我希望可以存下錢，實踐我的夢想！我想
購買屬於自己的屋宅！

　　你有這些願望嗎？尤其是和財富有關的願望。也許多努力一
些可以完成夢想，不過如果想快一些，可以更順利一些，那麼就
要在風水布局上多下功夫了。

　　風水學中有一顆星被稱為「大財富星」，具有旺財富，興家
產的磁場能量。只要善加運用，不但可以因為借助「大財富星」
的能量，讓家人可以賺到預期中的財富，更可以積累財富，因為
「大財富星」也被認為具有將財富聚納起來的「財庫星」。

　　「大財富星」的五行屬土，因此只要是經營房地產、仲介事
業或包租公（婆），都會奉之如土地公一般，只要在「大財富
星」的位置做好提升能量的風水布局，就有機會讓投資順遂，財
富累積步步高升。

　　2019己亥豬年，這顆「大財富星」的流年位置飛到了屋宅中
央的位置，也是居家的「客廳」位置，因此在客廳的風水布局對

於財富的累積具有肯定的效應。

「大財富星」五行屬土，因此喜歡「火」元素的相生，在客廳或屋宅的中央位置，點一盞「長明燈」具有旺宅和興財富的作用，可以是嵌燈、立燈、壁燈或檯燈，最理想的是具有自然元素的鹽燈，一年三百六十五天保持明亮。

另外，務必擺放「聚寶盆」，讓「財庫星」發揮真正聚財富的神力。

聚寶盆的作法：陶甕，大吐收口，有蓋為佳，因為「財不露白」。甕底貼上「陶文圓滿加一旺財陣」圖騰，在擺入101顆硬幣，1元、5元、10元和50元具備，代表大小通吃，廣納四方財富。

再擺放一盆具有「福氣來」和「發財」意涵的蝴蝶蘭，則「大財富星」的巨大能量可望獲得強盛的啟動。

# 玫瑰礦石
# 帶來好人緣

聽說過「鯉魚躍龍門」的傳說嗎？在現實生活中有機會遇到嗎？

據說在風水布局中，就有此種「催富趕煞」的方法，可以讓人鹹魚翻身，真的嗎？

事業人緣很重要，更重要的是貴人桃花，據說只要風水布局做得好，平步青雲就沒煩惱。

　　專家研究環境會影響心情，而心情影響了事情。而這就是所謂的「一方水土，養一方人；十里不同俗」，由此可知風水的力量是無所不在的。仔細想想，為什麼大賣場的音樂是活潑而快樂的？因為會激起購買的速度。因此想讓自己成為受歡迎的人，就得先讓自己喜歡自己，而從營造喜悅的居住或工作環境開始。

　　「吉慶星」在「奇門遁甲」風水中，是顆能量多元的吉利星曜。又名「九紫右弼星」是顆貴人星，同時也是「事業人緣桃花星」，更是具有「一喜化九憂」能量的「成家立業星」。由於五行屬火，顏色也是紫紅之色，代表的是剛燥與快速，因此經常被

風水家用作「趕煞催富」，而「吉慶星」所飛臨的位置，需要秀麗而溫和的布局。

　　2019己亥豬年的流年「吉慶星」，飛到了具有貴人意涵的西北方，再加上這個位置也是今年的「太歲方」，此處不宜動工，最好的策略就是擺放「秀麗礦石」，例如花蓮的玫瑰石或紫晶洞……之類，具有提升「事業貴人」的作用。而擺放喜悅的花卉則可增添職場人緣、財運和名聲的神效，如蝴蝶蘭、百合花……等。而不論是礦石，還是花卉，如果貼上「陶文圓滿加一喜神陣」圖騰，則「趕煞催富」的作用會更明顯，鹹魚翻身的機率與速度都容易獲得提升。

# 白瓷大象
## 旺人丁、得子嗣

我們結婚好多年，雖然努力「做人」，但還是沒有消息，請問可以透過風水布局提升「子星」氣場嗎？職場競爭白熱化是不爭的事實，除了提升競爭實力外，是否有可以讓職位更穩固的風水布局撇步？平平都是專業的付出，為什麼升官的都不是我？

　　想要成功一定要努力，但努力卻不代表一定會成功，重點在「運氣」。而提升運氣最好、最快速的策略就是風水布局。「官祿星」代表的就是事業的成就和名望，由於具有「催貴」的作用，因此想要得到長官貴人的提攜，企業經營想要讓公司名號和商品聲名顯達，甚至於名揚海外，公司的「官祿位」一定要好好布局。

　　「官祿星」在「奇門遁甲」風水學中的學命為「一白貪狼星」，是第一級吉星。顧名思義，這顆星具有「欲望」的意涵，對於需要企圖心的事業，或者需要提升企圖心的人，這是個值得大大掌握的星曜，因為「官祿星」同時隱藏著不為人知的「心想

事成」能量。

　　「官祿星」也代表子嗣星，風水布局有利求子嗣，而主管人士渴望招賢納士，也有機會因而獲得實現，因此「財丁兩旺」成為了「官祿位」風水布局的吉利效應。

　　2019己亥豬年「官祿星」飛臨正西方。「官祿星」五行屬金，因此喜歡「土」和「金」的風水元素。正西方是新婚夫妻最為理想的房間，因為可以催丁、旺子嗣。主管們可以在辦公室的正西方擺放白水晶球或秀麗礦石，白色大象是理想的「財丁兩旺」開運擺件，象鼻務必上揚，也需要向外。如果在這些擺件的底座貼上「陶文圓滿加一喜神陣」，則財丁兩旺與名利雙收更容易如願以償。

# 東北方

# 擺放海鹽
# 化解病符星厄運

家人總是病懨懨的，除了看醫生，在風水上我可以做些
什麼？

公司的氣氛十分沉悶，同事們老是提不起勁，業績表現
更是乏善可陳，風水上還有何可改善的方法？

我希望家人每個人都可以健健康康，我要做什麼樣的風
水趨吉避凶？

健康是最大的財富，沒有了健康，再多的財富，也毫無意義。

陽光、空氣、水是生命三大要素，屋宅中陽光充足，空氣流
通，動線順暢（水），就是擁有好風水，無須擔憂風水的問題。
如果三大要素俱全，還是覺得怪怪的、不舒服、莫名鬱悶、健康
不佳、財運不順………，那麼就該仔細檢視風水哪裡出了問題。

健康方面需要審視「病符星」位置是否布局妥當，這顆星的
五行屬土，最為顯著的特質就是沉悶，一般人遇到毫無鬥志，體
弱年邁者遇之則不利病體，業務部門遇到業績恐怕難有成長，而
財會部門更應避開，因為破財失金總是來得莫名其妙。

「病符星」是顆凶星，凶厄僅次於「五黃煞星」，而流年「病符星」更是需要即刻化解，唯有年年平安，才會事事順利。

　　2019己亥豬年「病符星」飛臨東北方，屋宅或辦公室此方務必妥善執行化解策略。「病符星」五行屬土，因此「金」是最理想的化解元素。在東北方擺放白色礦石如白水晶、透石膏球或柱，而白色陶瓷彌勒佛也有化解作用。另外可以擺放白色海鹽，鹽有消毒與淨化磁場的作用，用小碟子盛一小碟鹽山，兩星期更換一次，即可化解「病符星」的厄勢力。如果貼上「陶文圓滿加一壽星陣」圖騰，則效果更加神奇。

　　宜將東北方窗戶開啟，讓「病符星」厄勢力可以消散，此處不宜種植樹木或擺放盆栽，因為「病符星」喜化，不喜受剋。

# 虎眼石礦石
# 遠離口舌是非

我很認真賺錢，業績也很好，但總是留不下錢，到底哪裡出問題了？風水可以幫助聚財嗎？

命中劫財特別旺，除了改變性格外，有沒有可以防堵劫財的風水布局？

為什麼總是有人剽竊我的心血，除了小心防護外，有沒有化解職場上被盜竊的風水布局？

職場口舌很多，除了謹言慎行外，是否可以藉由風水布局化解官非口舌的負能量？

　　很多人會到廟宇拜拜祈福補財庫，卻忽略了家中「劫財位」負面能量的化解。這顆「劫財星」除了會引動破財磁場，同時也會竊盜我們的智慧財產，如果處置不當更容易招惹莫名的官非口舌，很難用一個「煩」字給予形容。

　　「奇門遁甲」風水學中，「三碧祿存星」就是「劫財星」的代表，這顆星的行動力強，具有魯莽的特質，侵略性超強，因此被稱為「盜賊星」，是在風水布局中最需要用心化解的部份。因

為只要化解得宜，是可以「化劫財為生財」的，並且更可以「化競爭為合作」創造雙贏。

　　2019己亥豬年的「劫財星」飛臨正南方。正南方五行屬火，而「劫財星」五行屬木，今年的「三碧祿存星」不難化解，因為火會消耗木的能量，風水學稱之為「木火通明」。在居家或辦公室的正南方，擺放美觀的檯燈或立燈24小時點亮，如果再貼上「陶文圓滿加一財神陣」，則「化劫財為生財」的效果會更顯著。將競爭對手的名字或公司名號用紅紙書寫，再貼上「財神陣」壓在「底座」，則有機會提升「化競爭為合作創造雙贏」的機率。

　　己亥豬年的「歲合星」是「寅」，正南方擺放「虎眼石」礦石或球，甚至於隨身配戴「虎眼石」平安扣，則隨時可「化小人為貴人」、「化劫財為生財」。溫馨提醒2019年的正南方不適合擺放大型綠色植栽、玩偶或面具，以免激化「劫財星」。

2019

己亥年

# 生肖開運

# 廣結善緣用對策略 開啟兩年好運勢

世界是面鏡子，心美，生活盡是美好。你的心，是你的風水。在吉凶交參的流年，趨吉避凶成為了老鼠們的必須，然而該如何做呢？

## 流年運勢 ▶▶▶

這是個既微妙又詭異的流年。

首先己亥豬年太歲是老鼠們五行相同的好朋友，因此可以肯定的是，旺盛的五行磁場提升的是人脈磁場，廣結善緣成為了今年的重要旺運策略，而重量級貴人也將如期出現。

其次，老鼠們擔任了己亥豬年太歲文昌星的角色，代表的同樣是人緣磁場的活躍，老鼠有必要練就走紅毯式的笑容，再加上「太歲偏財祿」的加持，商務買賣和業務行銷只要加把勁，用對策略就有機會享受業績長紅的喜悅（細節請閱讀「財利運勢」）。

不過，同時身兼「太歲桃花星」的老鼠，再加上於「偏緣星」明顯，對於女性老鼠而言，這是個宜多運用智慧面對情感世界的一年（如何趨吉避凶請閱讀「情緣運勢」）。

| 幸運顏色 | 幸運數字 | 吉利方位 |
| --- | --- | --- |
| 銀色、乳白色<br>黃色 | 2、1、8、7<br>及其組合 | 正西方、正北方<br>西南方 |

　　由於己亥豬年太歲星同時也是老鼠們的「七殺星」，這一年的壓力可想而知。雖然也有機會出現所謂「無心插柳柳成蔭」的確幸，不過在「歲絕星」氣場干擾的情況下，如果得不到適當的舒緩與轉化，這一年的辛苦和收穫的比率不容易獲得平衡。

　　由此可知，老鼠們在這一年的功課還真不少。不過也別擔心，有劫就有解！只要老鼠們確實地做好以下的趨吉避凶，不但豬年厄勢力可望化解，同時對於明年（2020庚子鼠年）的接掌太歲這件事而言，也將因做足了事先準備而獲得極大的幫助，也就是說這一年的努力可望開啟兩年好運勢。

　　第一個開運建議就是安太歲。雖然沒有犯太歲，不過既然太歲星是老鼠們五行相同的好朋友，那麼安了太歲就等於接獲太歲星「借力使力」的能量，如同買了保險，請了保全。不過真正的開運策略還是在於生活態度的策略運用，內斂是必須，計畫則是必備，這一年要不是三思而後行，就是按圖索驥，步步為營。五行的搭配運用當然缺之不可（請閱讀「開運風水」）。

## 📁 事業運勢 ▶▶▶

　　「七殺太歲」這個名稱十分驚悚！不過對於事業運勢而言，卻代表「意外收穫」；也就是所謂的「無心插柳柳成蔭」，亦即所謂的「異路功名」，而讓這樣的格局真實呈現是需要條件的。老鼠們未必要花大錢買水晶，卻需要花時間與心思用心學習，唯有多元吸取才能掌握機會。

　　企業家老鼠更需要嘗試多元化經營，積極創造需求，引領市場才是真正的贏家。一般老鼠請務必正視職場壓力，有句話這麼說：「成

功的人懂得熬，失敗的人懂得逃」，學習經營團隊，運用合作的槓桿原理，勇敢接受並轉化壓力，讓「七殺太歲」成為開疆闢地的利器，則這一年的事業可望鬱鬱蔥蔥，而明年（2020）太歲年老鼠們更將因而成為大贏家。

## 財利運勢 ▶ ▶ ▶

太歲偏財星的能量落在老鼠們的身上，這是個偏財磁場活絡的流年。有利可圖是商業買賣和業務行銷老鼠們的流年特質，因此努力再搭配完整性的行銷策略與口碑加持，的確有機會享受業績長紅的喜悅。

對於以薪資正財為主要收入的老鼠們而言，建議不妨用最小的金額試試手氣，很可能下一位幸運兒就出現在老鼠家族中。不過理想的策略還是在於學習理財，定期定額是理想投資策略，而購買儲蓄型概念標的，則是積累財富的佳策良方。

以一年的趨勢來說，老鼠的財運容易以微笑型曲線的方式呈現，亦即第一季與第四季較為理想。對於有意購買屋宅的老鼠而言，這是個理想的進場時機點，吉利好宅可期。

## 情緣運勢 ▶ ▶ ▶

太歲桃花星是己亥豬年老鼠們的另一個身份。所代表的自然是人緣磁場十分活絡，對於人脈的經營而言，這是太歲星贈與的禮物。因為如此，廣結善緣將會是老鼠們今年最為理想的開運策略。

不過由於「偏緣星」磁場十分明顯，再加上桃花星的共鳴，女性

老鼠們恐怕有必要謹慎面對愛情事務。在這樣的流年中，最為理想的策略自然是將生活重心放在事業上，職場順心，情場自然就開心了。已然準備妥當步上紅毯的老鼠就不該猶豫，因為今年不結婚，明年（2020）將會因為犯太歲忌諱嫁娶而遭到困擾。

男士們雖然也是如此，不過當甜蜜的窩準備妥當之後，美好姻緣將會隨桃花星出現。

## 開運風水

老鼠們的本命五行屬水，方位在正北方。

2019己亥太歲五行也是屬水，對於人際關係而言，這是個理想的流年。只是己亥太歲天干的土氣卻是老鼠們的「土煞星」，因此最需要「金星」舒緩與化解。白色、灰色與金色是「金星」的色系，老鼠們宜多加利用，好風水就該從穿著開始。

正西方的「酉」和西南方的「申」，都是老鼠們十分理想的旺運方位。正西方宜擺放「金雞報喜」雕飾，西南方則宜擺放「馬上封侯」雕飾與一盆陰陽水，「化煞為權」是這些風水布局的目的，也就是化阻力為助力。

正北方也適宜擺放猴子造型雕飾，白色材質為佳。不過蝴蝶蘭和鹽燈比較容易喚醒沉睡的財富星。

**貴人方位：正西、正北方和西南方。**
**貴人生肖：猴子、雞、龍。**

# 鼠兒各年次流年運勢

### 1996 年的老鼠（民國85年，丙子年，24歲）

年輕的你想要什麼？這是己亥豬年對於老鼠們的大哉問。對自己期許極大的老鼠們，今年最容易遇到的問題將會是現實與理想出現極大的落差。

有人說：「年輕的本質，就是不放棄任何一種可能性。」這句話是一整個流年磁場的縮影，而也就是此種結構，在設妥人生目標之後，盡情利用不同的方式達陣或嘗試。

事業將會嚐到甜頭。女老鼠們的愛情故事將會是正點的。

### 1984 年的老鼠（民國73年，甲子年，36歲）

歲德吉星照拂的今年，老鼠們的事業運勢是順遂的，因為貴人十分明顯。不過對於自己經營企業的老鼠們而言，卻需要更多的學習與挑戰，因此第一個課題就是走出舒適圈。

金錢星身影雖然明顯，不過氣勢卻不理想。這一年的投資求財宜謹慎，不在於不碰觸險財，而是要守得住。累積財富的秘訣在於遵守紀律，依照計畫行事為宜。

男士們有機會成家立業，女士們則宜避免桃花困擾。

### 1972 年的老鼠（民國61年，壬子年，48歲）

事業運勢容易成為今年的主軸課題，老鼠們需要換個角度思考，因為真正可以幫助自己突圍和轉變的就是自己了。不過幸運的是己亥

豬年太歲也在伸出援手，因為祂派了許多貴人在身邊，就看老鼠們如何連上線了。

劫財星虎視眈眈的今年，老鼠們除了宜謹慎理財外，對於親友的借貸也宜量力而為，別賺了面子，沒了裡子。

男士們宜關心另一半的健康。女士們宜謹慎面對情緣。

## 1960年的老鼠（民國49年，庚子年，60歲）

有夢想就該圓它！雖然邁入六十甲子，這句話一點兒也不奇怪。人生每個階段都有不一樣的夢想，而圓夢則是一種享受。豬年太歲提供了圓夢的能量，要堅持相信「只要出發，永遠都不晚」。老鼠們，今年你想圓什麼樣的夢呢？

世界上最好的投資，就是投資自己了。不過在「財源吉星」活絡的今年，也值得嘗試學習投資理財，就從小資本開始，小玩怡情見好便收。

## 1948年的老鼠（民國37年，戊子年，72歲）

顧好老本，享受安逸。雖然還有很多機會可以展現本事，不過在安穩氣息並不明顯的今年，靜下來享受悠閒將會是流年的必須。

這一年適合投資，不過是投資自己，學習、娛樂、旅行和美食都是值得投資的標的。

廣結善緣是理想的趨吉避凶，這一年為的不是事業，而是分享愉悅。男士們宜多關心另一半的健康。為自己和伴侶安排個舒適的健康檢查，因為健康才是最大的財富。

# 鼠兒流月運勢

**宜謹慎面對的月份：四月、五月、六月、十月**

### 正月 運勢（國曆2/4～3/4）

　　驛馬星主事之月，再加上歲合星的祝福，這是個大利規劃一整年行動計畫的時段。新年新希望，有了新目標，就容易擁有新動力，而一整年的好運勢也將會因而獲得開啟。事業運勢頗佳，正月拜年是禮貌，同時也是最好的開運策略。

### 二月 運勢（國曆3/5～4/3）

　　太歲三合月，諸事皆宜。同時也是老鼠們的文昌月，這是大利廣結善緣的時段。偏財源吉星照拂，偏財運勢頗佳，行商買賣和業務行銷都值得努力。太陰星主事，男士雖吉利，不過宜提防爛桃花。女士們則宜避免鋒芒畢露而招人嫉。

### 三月 運勢（國曆4/4～5/4）

　　月德吉星主事之月，按說吉利可期。不過由於月犯「五鬼星」，這是個需要妥善管理情緒的月份，只為了避免冒犯小人而不自知。職場事業容易遇到瓶頸，能夠幫助突圍的就是自己了，就從換個思維面對事務開始。本月簽約務必謹慎。

## 四月 運勢（國曆5/5～6/4）

歲破之月，諸事不宜。雖有月德吉星照拂，本月依舊不利嫁娶。另外由於人際關係磁場出現緊張，因此謹言慎行成為了本月的必須。不過幸運的是，金錢運勢頗佳，這是個納財獲利好時段。值得提醒的是，事業異動稍安勿躁為宜。

## 五月 運勢（國曆6/5～7/5）

本命對沖的月份，自然是諸事不宜了。本月不利嫁娶。雖然大環境因為「歲祿吉星」而十分活絡，機會磁場也跟著活躍，不過對於老鼠而言，事緩則圓是理想的趨吉避凶。財利運勢出現變化，投資買賣宜謹慎。愛情溝通需更多耐心。

## 六月 運勢（國曆7/6～8/6）

六害加三煞之月，重要吉事避之為宜。婚姻嫁娶之事更需要謹慎挑選吉日。重要事務的執行，以及事業的開啟與出發，有必要做好完備的規劃，以免事與願違。健康磁場並不理想，過勞是忌諱。投資求財，做好功課，避免人云亦云。

## 七月 運勢（國曆8/7～9/6）

傳統七月，重要吉事避之為宜。再加上太歲六害星的干擾，這個月最需要用心的就是人際關係的經營了。人多的地方不要去，這個月不怕鬼，只怕小人，人多是非就多。雖然如此，這個月十分適合營造

團隊向心力和家庭溫馨氣氛。

## 八月 運勢 （國曆9/7～10/7）

諸多吉星照拂的本月，諸事皆宜。花好月圓，再加上天喜星加持，情緣運勢最容易獲得加溫式的提升。家庭運勢格外理想，本月大利成家立業，婚姻嫁娶，購屋置產，布局住宅好風水，皆可順勢而為。月犯「流霞」，捐血可防血光。

## 九月 運勢 （國曆10/8～11/6）

歲德吉星職事之月，按理說諸事皆宜，不過由於歲煞星主事，重要吉事還是三思為宜。財庫星氣勢明顯，商務買賣與業務行銷機會雖多，不過收到款項才是重點。本月不宜遠行，尤其是山區旅遊避之為宜。健康宜用心，從多補充水分開始。

## 十月 運勢 （國曆11/7～12/6）

太歲星主事之月，大好大壞的月份。借力使力是本月開運好策略，除了借周遭人脈的力，同時也借助太歲的能量，因此這個月大利事業的出發或轉型。本月不利嫁娶。值得提醒的是，多觀察合作案件的簽署和洽談，慢行動為宜。

## 十一月 運勢 （國曆12/7～1/4）

將星職事的月份，對於老鼠而言是吉利的。不過由於月逢「歲

絕」，再加上本命之月，這是個不宜過於自負的時段。有道是「槍打探頭鳥」，即便成竹在胸也沒有強出頭的必要。年關將近，有必要開始進行年度檢討，做好準備迎接太歲年。

## 十二月 運勢（國曆1/5～2/3）

六合之月，諸事皆宜，尤其大利嫁娶。雖然如此，這是個壓力沉重的月份，這個月宜停下腳步，除了迎接新年，同時也對於未來的一年做好規劃。太陽職事，女士們貴人明顯，男士們宜提防犯小人。不過貴人也明顯，因此務必落實年終送禮。

# 多點時間和家人相聚
# 好氣氛就是加分的能量

如果這一年出現了一整座的金山，而你的挖掘能力有限，你會怎麼做？
這是牛族們在己亥豬年的流年故事，既幸運，又饒富意義的故事……。

## 流年運勢 ▶ ▶ ▶

有個人，有一天幸運地遇到了神仙，神仙說你可以許一個願望。
這個人說「我想成為富翁」，於是神仙送了他一座金山。

多年後，再度遇到神仙，向神仙抱怨說「為什麼，我還是沒有成
為富翁？」神仙說，金礦就在你的腳下，你不努力勤奮地開挖，怎麼
會成為富翁！

雖然這個故事的意喻是「天底下沒有不勞而獲」，因此即便是坐
擁金山，還是要努力挖掘。不過對於牛族們而言，代表的不只是努
力，還有策略和方法。

就太歲五行氣數的角度來說，這是個勢單力薄的流年，因此最需

| 幸運顏色 | 幸運數字 | 吉利方位 |
| --- | --- | --- |
| 紅色<br>紫色和黃色 | 2、9、8、0<br>及其組合 | 東北方、正南方、<br>西南方 |

要合作的力量，而且是有系統、有紀律的團隊同心協力。再從傳統的角度來說，牛族們的己亥豬年符合了古書所說的「財多身弱」，而古書的下一句就是「富屋貧人」。也就是說，這是個財富星氣勢豐盈的流年，這些財富並不是牛族們一個人可以獨享，再加上「驛馬星」的作用，當運作不當的時候，過路財神的故事就會發生。

家庭是牛族們今年最好的開運能量場，因此想要讓這一年順遂如意最好的策略就是在家庭上多費心思。「家人」的好氣氛是加分的能量，而提升此種能量的方法就是「回家吃晚飯」，多一些和「家人」相聚的時間，對於「家人」多一絲包容與關懷，就像「奇門遁甲」構築「超強太極點」一般，積累的能量有多強，今年的運勢正向火力就有多強。而值得一提的是，流年磁場中的「家人」同時也代表職場上並肩作戰的夥伴，如果想獲得「家人」的幫助，自己先主動付出心力幫助夥伴家人。

另外，空間風水布局十分重要，好風水可以養人，可以讓「家人」更幸福（這個部份，請閱讀「開運風水」）。

### 事業運勢 ▶ ▶ ▶

一個人之所以優秀，是因為他的朋友都很優秀。這是個團隊合作的世界，「單打獨鬥，不如團隊合作」已經成為市場的共識。對於牛族們而言，更需要有這樣的認知，只因為在己亥豬年的太歲氣運中，牛族們的力量是單薄的，即便機會很多，單打獨鬥之後的成就卻不多，而此種情況用「奔波、勞碌」形容似乎不為過，就算牛族們不以為意，不過這又何必！

合作代替奮鬥，牛族們的能力毋庸置疑，不過如果可以改變策

略，則可以輕鬆進駐贏家行列，那就是「借力、使力」。找對夥伴是合作，找對公司是借力，而考取證照更是一種使力……，這一年的開運重點在可以合作的人脈。

## 💰 財利運勢 ▶▶▶

金錢是價值交換的工具。因此擁有多少錢，就等於創造了多少的價值。就這個角度來解說牛族們的流年運勢，則會發覺這將會是個超級有價值的一年，因為「金錢財富星」氣勢磅礴。然而，相對起另一種說法，可能會比較有激勵感，那就是「金錢是用來幫助完成自己的理想」，這是個有機會積累能量完成理想的流年，重點是如何積累。

穩定型的投資是理想的選項，儲蓄型概念是好標的，有意購屋的自助型買家，值得進場完成「有土斯有財」的財富累積計畫。整體而言，春夏是運勢順遂期，也是財富亮點期，春天播種，夏天見好便收。秋天賞楓，冬天賞雪。此種節奏，企業理財和股市投資皆適用。

## 🔑 情緣運勢 ▶▶▶

許多人認為緣份是讓兩個人墜入情網的關鍵，因此有人抱持等待的態度，認為只要夠耐心，有緣人該出現的時候自然會出現，並且相信現在不成功，那是因為日後還有更好的選擇。

一廂情願其實很美，不過當流年磁場處於「偏緣」狀態的時候，等待的確是理想的策略，不過必須是把自己經營到很棒的狀態下等待。例如：養成好的習慣、幽默而風趣的談吐、對於事業的專注、持續學習樂觀的生活態度……，一旦對的人出現立馬展現吸引力，值得

單身適婚男士們參考。已有伴侶的則讓彼此隨時都在戀愛狀態。

至於女士們就幸運多了，由於「正緣星」氣勢佳，這一年的故事背景是「對的人，對的時間」，再加上對的行動。

## 開運風水

牛的本命五行屬土，喜歡火和土生助的五行元素，顏色是紅色、紫色和黃色，方位則是東北、正南、西南方。

己亥豬年是個水氣十分旺盛的流年，對於牛族們而言，更需要這些本命生助的元素，否則即便「坐擁金山」，還是會抱怨神仙。

己亥豬年的「正南方」是「劫財星」聚氣之處，牛族們在屋宅和辦公室此方擺放鹽燈，可化劫財為生財，同時讓家充滿生助的旺氣。「西南方」擺放「陰陽水」，以及「白水晶」球或擺件，既可化解「五黃煞」，又可提升事業能量。在手機或隨身物件貼上「加一百福圖」，隨時讓自己福氣滿滿再加一。

吉利方位：東北方、正南方、西南方。
貴人生肖：蛇、兔子、雞、老虎。

# 牛兒各年次流年運勢

## 1997年的牛（民國86年，丁丑年，23歲）

「終身學習」在去年因為張忠謀而再度成為熱門討論話題。對於「學習星」明顯的今年，牛族們正好有機會落實此種讓自己「一定要能跟得上所屬行業發展」的學習計畫。年輕的優勢在於創造有無限可能的未來，就從有紀律、有目標的學習開始。

「事業星」氣勢佳，學習再加上努力極容易獲得肯定，重點在於專注與聚焦，成功就像爬階梯，穩定地拾級而上，可望平步青雲。

## 1985年的牛（民國74年，乙丑年，35歲）

深思熟慮是好習慣，不過過度了就容易成為猶豫而錯失良機。走出舒適圈沒有壞處，多見識、多學習，今年忙一點，明年就好命很多點。

偏財星氣勢明顯，即便市場行情不佳，牛族們還是有機會因為按部就班而獲利。

成家立業是一種祝福，同時也是今年的幸福寫照，已有伴侶的牛宜多愛家和深愛對方。單身適婚的牛，有機會遇到對的人，男女生都是如此。

## 1973年的牛（民國62年，癸丑年，47歲）

人脈未必一定是錢脈，卻肯定是讓成功變得更容易的動脈。這是個大利廣結善緣的流年，正所謂「有關係，就沒關係；沒關係，就有

關係」，積極提升貴人存摺籌碼，迎接延續兩年的好運勢。

財運部份，宜謹慎。交朋友可以，朋友不一定有通財之義，合資、借貸宜量力而為。股市投資宜以成份股為主要標的。

愛情部份。女生宜提防偏緣星的干擾，男士們容易因為改變而更幸福。

## 1961年的牛（民國50年，辛丑年，59歲）

幸福不是擁有的多，而是計較的少。換個角度來說，那就是「欲望小了，幸福多了」。

這是個「機會星」活絡的流年，同時也有機會讓財富旺盛起來，只是「穩定星」氣勢相對不佳，因此如何駕馭因為機會而引動的欲望，讓整體運勢進入逐步圓滿的境界，將會是今年最主要的課題。

布置個幸福的環境，圓滿的是心境，收納的是理想和財富。

## 1949年的牛（民國38年，己丑年，71歲）

放下是一種釋懷。雖然不容易，但值得嘗試，因為海闊天空緊跟在後。這是牛族們今年要學習的課程，因為太歲磁場浮現了許多的牽掛，不得不會「多想一點」。

有人說「牽掛是一種幸福」，那是因為用釋懷的心，用幸福牽掛幸福。因此，當放不下的時候，就暫時放著。

健康是另一個流年課題，安排健康檢查，多接觸大自然，心開運就開，細胞會更喜悅，生命會更精彩。

# 牛兒流月運勢

宜謹慎面對的月份：三月、五月、六月、九月、十二月

### 正月 運勢（國曆2/4～3/4）

新春之月，花開富貴，喜氣洋洋。節慶氣氛頗佳，而五行磁場亦佳，對於一年的計畫值得進行。「官印相生」氣息值得掌握，主動拜年有利貴人籌碼的提升。本月不利嫁娶，重要吉事和抉擇也最好暫緩。女士們情緣運勢佳，值得掌握。

### 二月 運勢（國曆3/5～4/3）

太歲三合月，春節氣息依舊濃郁，拜晚年只要有心都不遲。「機會星」磁場活絡，無心插柳的機會別忙著拒絕，一遍柳樹很可能在這個月份獲得茂盛。情緣運勢並不理想，別太用力。本月不宜弔唁與探病，勢在必行請攜帶海鹽。

### 三月 運勢（國曆4/4～5/4）

本命「三煞星」職事，諸事不宜。磁場十分不協調，事緩則圓成為了理想的趨吉避凶法則。投資理財宜謹慎，逢高調節納財為先，合資適宜稍安勿躁。健康星磁場不佳，安排旅遊，開心為先。情緣運勢不開朗，轉移焦點為宜。

## 四月 運勢（國曆5/5～6/4）

歲破之月，大環境充滿著諸事不宜的磁場。不過對於牛族們而言，卻是吉利非常，只因為「三合星」、「福祿星」併臨，這是個心想事成的月份。別人恐懼，我們貪婪，有意購買屋宅的自助型買家，值得進場。貴人能量高，大利廣結善緣。

## 五月 運勢（國曆6/5～7/5）

桃花盛開的本月，人際關係磁場活絡，再加上「歲祿星」的照拂，本月的廣結善緣，即便是攀龍附鳳也無妨。投資求財宜謹慎，「六害星」作祟，買賣宜守紀律，否則極容易「抓龜走鱉」。男士們宜關心另一半的健康，女士們宜謹慎面對喜悅的邂逅。

## 六月 運勢（國曆7/6～8/6）

六沖之月，諸事不宜。本月不利嫁娶。己亥豬年水氣旺盛，本月土氣超強，反而有利牛族們穩健氣勢的訴求，因此不要害怕衝擊與挫折，通常大的機會緊跟在後。健康星磁場依舊不佳，走出家門接觸大自然，壓力務必獲得紓解。

## 七月 運勢（國曆8/7～9/6）

傳統的七月，禁忌特別多，尊重是最好的態度。本月不利嫁娶。不過換個角度觀察，許多貴人星聚集的本月，再加上「智慧星」、「機會星」併臨，牛族們的事業反而容易出現正向轉變，掌握住機會

翻轉吧！男士們宜規避桃花煞。

### 八月 運勢（國曆9/7～10/7）

中秋之月，圓滿的意境，再加上「將星」的祝福，上個月的「翻轉」，本月極容易傳來好消息。「三合吉星」展現威力，機會來了，也心動了，行動就該立馬展開。「白虎星」虎視眈眈，捐出鮮血，一紅化九災。男士姻緣運頗佳，宜珍惜。

### 九月 運勢（國曆10/8～11/6）

雖然是「歲德星」職事的月份，不過由於不協調的磁場作祟，許多事務寧可按部就班，也不宜因為冒險而身陷風險。人際關係是門大學問，當沒有策略的時候，微笑與讚美就是好策略。投資求財宜謹慎，多觀察少行動。

### 十月 運勢（國曆11/7～12/6）

太歲之月，大好大壞之月。「驛馬星」發動的本月，對於牛族來說是最好的出發月，大利新事業的出發，更有利事業異動與轉型。即便沒有異動打算，也有必要檢視自己的職場能量與價值。本月宜聚焦事業，愛情事務擱在一邊為宜。

### 十一月 運勢（國曆12/7～1/4）

六合之月，諸事皆宜。本月大利嫁娶。男士們的情緣運勢最為理

想，該表態的別猶豫，另一半是貴人宜珍惜。「財祿星」明顯，該收成的時候也別猶豫。女士們還是要留意愛情對象的選擇。家庭星磁場不佳，改變擺設和風水。

## 十二月 運勢（國曆1/5～2/3）

本命之月，能量重疊，如芒刺在背。重要事務避之為宜，嫁娶之事更是忌諱。有道是「最大的敵人就是自己」，自我矛盾最傷了，與其自我掙扎，不如聽取客觀意見。年終歲末，收斂是課題，收斂後的計畫十分重要，因為明年是吉利的「六合之年」。

# 心動不如馬上行動
# 先付出就會富足

一年的努力，就有機會開啟未來十二年好運勢，老虎們想不想要？原因是獲得了太歲星的能量挹注，方法很簡單，請老虎們仔細看下去……。

## 🗓 流年運勢 ▶ ▶ ▶

老虎是己亥豬年幸運生肖的第一名。

只因為有了「歲合星」的磁場助益，這一年有機會讓老虎們嚐到真正生龍活虎的滋味。這樣的說法是有所本的，豬年（亥辰次）五行屬水，而老虎（寅辰次）的五行屬木，在水生木的五行結構下，只要努力積累資源，就有機會逐步強大心想事成的能量。

在這一年中不會是口號，更不會是廣告詞，而是真正展開行動，開啟未來十二年好運勢的關鍵策略。不過還是需要一些條件的配合，那就是膽子要大，心思務必細膩。對於企業老虎而言，這一年需要的是主動出擊的智慧，因為生命中許多的大好機會往往只會出現一次。

需要提醒的是，前文所描述的機會行動力，之所以會給予「膽大

| 幸運顏色 | 幸運數字 | 吉利方位 |
|---|---|---|
| 綠色、藍色 咖啡和紫色 | 3、4、8、1 及其組合 | 東方、東南方 東北方、正北方 |

心細」評註的原因，是為了要提醒老虎們避開陌生領域的冒險。即便是新的嘗試，也需要團隊的合作，以及既有資源的整合。這麼一來，老虎們就是如虎添翼了。

另外，己亥太歲星也提供了成家立業的正能量。對於單身適婚男老虎而言，這是個辛苦有成的幸福年。至於男女情緣運勢大不同的現象與趨吉避凶，請閱讀「情緣運勢」。不過成家概念中的購屋置產，卻是值得鼓勵的項目，不但有機會覓得吉利好宅，同時也將獲得積累未來財富的機會。

「歲德吉星」是老虎們在己亥豬年的另一個身份，這是一種尊貴的象徵，同時代表這一年的貴人十分明顯，尤其是長輩或長官貴人。有道是「希望找到生命中的貴人之前，先讓自己成為別人的貴人」，主動釋放「歲德吉星」的正能量，先付出，就會富足。

如此這般幸運的流年，聰慧的老虎是懂得安太歲的。這個時候安太歲，不在於避凶，而是趨吉，那是一種感恩，並且接納更多的神奇磁場。

## 事業運勢 ▶▶▶

合作是一種藝術，而企業突破藩籬的最高境界，就是與敵人共舞。就是這樣的流年，己亥豬年太歲星為老虎們提供了一種運籌帷幄的磁場，先決條件是必須學會轉念。

歲合星是最重要的主角，具有整合的作用，整合了外在的廣大資源，也整合了老虎們內心世界的衝突與矛盾，同時強化目標與方向感，這個時候「願有多大，力量就有多強」。

對於朝九晚五的老虎而言，即便沒有創業或轉職的意願與打算，

也有必要安排學習的機會。不論是提升本業的專業競爭力或其他專長的進修，都有機會營造未來無可取代的幸福。而考取證照或拿取資格認證更是必要之舉，因為在歲合星照拂下，這一年的考運是理想的。

## 財利運勢 ▶ ▶ ▶

財富和幸福，老虎們選擇哪一項？當然是兩項都選擇囉！

這是個幸福多過於財富的流年。代表的是，不容易出現不勞而獲的偏財，卻多了因為努力而營造的財富，這是實實在在的「正財」。

己亥豬年太歲的五行結構中，老虎們的正財星和家庭星同步。代表了幾種現象，一是只要家庭幸福，荷包就發福，因此空間風水和親情風水同步重要。其次是成家立業和購屋置產，可順勢而為。另外，職場上團隊戰是理想的旺運策略。

企業老闆宜以穩健為主，接下來才是多元發展。投資求財宜以市場潮流概念股為主要標的。財富以春天為佳宜著手布局，夏天最旺宜收成獲利。秋冬等待機會低接，營造明年財富。

## 情緣運勢 ▶ ▶ ▶

成家立業是神聖的，得到太歲星祝福的單身適婚男老虎，己亥豬年的確是個辛苦有成的幸福年。正緣星明顯，再加上穩健的能量，代表另一半是大貴人，不但旺夫，同時也旺財富，已有伴侶的男士要懂得珍惜。而只能多愛自己的老虎，則宜為自己布局幸福好宅。

對於女士們而言，恐怕就不是如此了。處於愛情長跑狀態的女老虎，條件成熟該定下來的，不宜再猶豫。由於偏緣星桃花盛開，宜謹

慎面對愛情事務，缺乏安全感或需要深入瞭解的對象，不妨給彼此多一些時間和空間。已婚的女老虎，則宜多關心另一半的健康，時時提醒與關懷是為了避免過度勞累而傷害了健康。

**開運風水**

老虎的五行屬木，自然最喜歡生助的五行與方位，那就是水和木，以及東南方、正東方和正北方。喔！對了還有東北方，因為老虎也喜歡山林。

2019己亥豬年的水氣旺，是老虎的生助年。水氣夠了，如果增加木氣和火氣的調和，則整體運勢容易獲得報表式的翻轉。

在住家和公司的正東方與東南方擺放一盆陰陽水，將會提升人緣磁場，而在正北方點一盞「文昌燈」，則提升職場人氣與事業貴氣，傳統鹽燈是最理想的選擇。東北方代表山林的位置，則宜擺放黑曜石貔貅，讓財運旺盛的流年，獲得神獸的守護。

流年幸運顏色：綠色、藍色、咖啡和紫色。
流年幸運方位：東方、東南方、東北方、正北方。
流年貴人生肖：豬、老鼠、老虎、兔子。

# 虎兒各年次流年運勢

## 1998年的老虎（民國87年，戊寅年，22歲）

年輕的老虎，也是幸運的老虎。太歲的加持，事業星擁有了源源不斷的動力，這是個值得努力打拼的流年。

雖然合作的磁場同樣旺盛，不過老虎們最需要提防的就是「遇人不淑」，可以借力，就是不可以靠力。

財利運勢頗佳，投資求財有利可圖，不過最好的投資還是投資自己，從安排學習機會開始。

情緣運勢也十分理想，如果不是因為年紀，其實這是個理想的婚姻年。

## 1986年的老虎（民國75年，丙寅年，34歲）

名利雙收的磁場，點亮了今年的事業運，老虎們的幸運讓人羨慕。如此這般幸運的流年，如果以古老的說法，那就是富貴併臨。不過這些正能量隱藏著一股「脫胎換骨」的味道，代表的是，真正吸收並運用的好策略就是改變。

家庭運勢十分理想，職場團隊更是如此，這是典型的合作年。

正緣星閃耀光芒，值得掌握的好對象，女老虎們就別客氣了。為了避免擦身而過，男老虎請放慢步伐。

## 1974年的老虎（民國63年，甲寅年，46歲）

有句經典的話，那就是「重點不是你認識誰，而是你是誰」。對

於人脈磁場活絡的今年而言，老虎們不需要急著拓展人脈式的認識一堆人，而是積極經營自己，讓自己成為希望被認識的人，就從主動付出專業幫助別人開始。如此一來，事業運很可能再創高峰。

財利運勢十分詭異，明明氣勢明顯，卻不容易掌握，因此最為理想的趨吉避凶就是「守成」，買房或儲蓄型投資為佳。情緣運勢，男士幸福，女士浪漫。

## 1962 年的老虎（民國51年，壬寅年，58歲）

以靜制動，是一種策略，卻也是一種修為，對於今年的老虎們來說，則是時時謹記在心的座右銘。因為這是個動有餘而靜不足的流年，而最大的忌諱將會是禁不住「人」的蠱惑，做出對不起銀子的抉擇。合作是好事，不過缺乏整體計畫與管理的合作，卻是賠了夫人又折兵的開始。謹慎理財，畢竟賺錢不容易啊！

男士們宜提防爛桃花，女士們宜多愛自己一點。生活可以隨興，健康不宜隨便。

## 1950 年的老虎（民國39年，庚寅年，70歲）

有夢最美，而願意築夢踏實的人最讓人感動。年齡不是重點，重點是老虎們是否有圓夢的企圖心。己亥豬年太歲提供了「希望相隨」的能量，這是個適宜大膽邁開步伐，探索自己嚮往的美麗世界，就從安排學習課程開始。

金錢運勢雖然理想，投資運勢也順遂，只是如何規劃收穫的節奏，則是讓自己成為真正贏家的必須。

另外要提醒的是健康與養生，均衡的營養攝取十分重要。

# 虎兒流月運勢

宜謹慎面對的月份：正月、四月、六月、七月、十二月

## 正月 運勢（國曆2/4～3/4）

本命月，雖然正值新春之期，還是有必要謹慎行事。這個月盡情享受新年的快樂，恭賀與祝福有機會化解「五鬼星」的厄勢力。而提升「歲合星」正能量的絕佳策略就是拜年，禮多人不怪，一整年的貴人能量籌碼就看本月的提升。

## 二月 運勢（國曆3/5～4/3）

桃花舞春風，再加上太歲將星照拂，此月大利嫁娶，也適宜拓展事業。新年新氣象從聆聽開始，聽聽自己之外的聲音，聽聽非專業領域的建議，老虎們容易找到新方向與商機。投資求財宜運用積極換手的策略，營造短線財利。

## 三月 運勢（國曆4/4～5/4）

老虎遇到龍月，傳統上稱為龍虎鬥。這個月不宜弔唁、探病，宜為家中老者造福田，添福壽。由於機會星明顯，老虎們宜將「龍虎鬥」的氣勢靈活運用。偏財運頗佳，經商買賣與行銷業務辛苦有成。偏緣星也明顯，專情為宜。

## 四月 運勢（國曆5/5～6/4）

吉凶交參之月，謹言慎行為宜。「歲德合吉星」出現在「歲破月」，再加上「六害星」的干擾，這是個不平靜的月份，因此謹慎是趨吉避凶的必須。不過「偏財祿」與「文昌星」併臨，老虎們有機會因為努力而創造了亮眼績效。

## 五月 運勢（國曆6/5～7/5）

三合吉星照拂，再加上「歲祿星」加持，這是個吉利的月份。事業上有機會創造成就，因此有想法就付諸於做法。財祿吉星氣勢頗佳，投資求財有利可圖。男士們的正緣星明顯，猶豫只會錯失良機。與法律有關的事務，委請專家為宜。

## 六月 運勢（國曆7/6～8/6）

雖然是「歲合之月」，不過月犯「小耗星」，謹慎理財為宜。雖有「月德吉星」照拂，本月還是不宜弔唁，非不得已，宜做好做足化解的功課。財利運勢頗佳，由於屬於暗財神，容易出現「無心插柳」的收穫，順勢而為是佳良方。

## 七月 運勢（國曆8/7～9/6）

本命六沖之月，再加上傳統的七月，以及「驛馬星」的啟動，這個月不宜遠行，交通安全需要多費一些心思。事業上不宜輕舉妄動。女士們的愛情運頗佳，雖然不利嫁娶，卻有機會遇到理想對象。年中

之際，宜檢視並訂定下半年目標。

## 八月 運勢（國曆9/7～10/7）

　　龍德吉星照拂的本月，運勢大好。月圓人團圓之際，請記住八月十五日晚上祭祀龍德吉星，可旺運一整年。本月大利嫁娶，不過男士們還是宜謹慎面對愛情事務。事業上合作的機會活絡，對象不宜設限，小公司很可能有大機會喔！

## 九月 運勢（國曆10/8～11/6）

　　本命三合月，理應吉利，然而正逢「歲煞星」當道，這個月的行事作為有必要面面俱到。人際關係磁場是最理想的借力使力，廣結善緣就從讚美開始。合作的機會雖多，不過事緩則圓。女士們的愛情運勢頗佳，隨緣但不隨便。

## 十月 運勢（國曆11/7～12/6）

　　六合吉星照拂的太歲月，應該會是原力飽滿之月。這是個大利「順勢而為」的時段，而這個「勢」屬於被動狀態，換個角度來說，那就是「借力使力」。成家立業的吉利月，購屋置產值得順勢而為。貴人也十分明顯，聆聽是啟動的元素。

## 十一月 運勢（國曆12/7～1/4）

　　成家立業的氣場延續著。這個月的幸福指數超標，家庭事務最為

吉利，搬家、入宅和修造……。對於事業的出發和異動，就有必要三思了。投資買賣也是如此，多觀察再行動，誤判的結果不好受。健康運勢佳，理想的健檢月。

## 十二月 運勢（國曆1/5～2/3）

　　歲末年終，順著冬藏之勢，讓自己也進入收斂狀態。「三煞星」職事的本月，一動不如一靜。儘管「紅鸞星」明顯，依舊不宜嫁娶。健康星並不理想，留意天候變化，準備過個健康幸福的新年。整理環境與心情，迎接幸福老鼠年。

# 面對如意善加運用
# 事業成就獲得肯定

人生沒有絕對的好與壞，重點在於自己的態度。很有禪意的一句話，用來描述兔子們2019己亥豬年的流年運勢卻十分貼切。只因為角度不同，好與壞也截然不同……。

## 流年運勢 ▶ ▶ ▶

文章一開頭，首先要告訴兔子們的是，這一年面對事務與生活可以很認真，卻千萬不要很執著。面對順遂如意可以珍惜，並善加運用，但千萬不要習以為常與理所當然。因為……

這是個幸運的流年。「太歲三合」是兔子們今年所擁有的吉利能量來源，再加上又擔任了「太歲將星」的角色，除了代表尊貴，同時也象徵事業努力容易獲得肯定。另外，己亥豬年太歲五行屬水，以三合的吉利方式對於五行屬木的兔子們提供源源不斷的生助能量，於是得天獨厚極容易成為兔子們的「理所當然」。

「太歲偏財星」十分明顯，因此投資的機會活絡起來，行商買賣也容易因而獲利，然而卻也容易讓兔子們忽略了「謀定而動」的重

| 幸運顏色 | 幸運數字 | 吉利方位 |
| --- | --- | --- |
| 紅色、紫色<br>黃色和綠色 | 9、4、3、8<br>及其組合 | 東北方、正東方<br>東南方和正南方 |

要，畢竟「太歲偏財星」只是明顯，而不是氣盛。金錢管理務必謹慎，以免陷入泥淖無法自拔，詳細的部份請閱讀「財利運勢」。

由於整體流年五行分布不均衡，狀似穩健的相生系統中，卻出現了嚴重失調的現象。創業之星遭到了衝剋，對於事業而言，「一動不如一靜」成為了最容易得到的建議。不過有趣的是，如果因而留在舒適圈裏足不前，卻也合乎了太歲星的相生現象，那就是「習以為常」。其餘部份請參考「事業運勢」。

正因為整體五行處於「生過了頭」的狀態，因此「健康星」受到了影響，宛如系統亢進一般，再加上又出現了歲犯「白虎星」的現象，於是健康養生成為了今年另一個必修的課題。回歸五行的觀點，適當的運動具有改善的效果，而均衡的飲食更是重要。

需要格外叮嚀的是，由於「歲煞星」和「官符星」虎視眈眈，生活中還需謹言慎行，隨時提醒自己「心可以直，口不可以快」。隨身配戴老虎造型珮飾，既可警惕，又可開運勢。

## 📁 事業運勢 ▶ ▶ ▶

擔任太歲「將星」角色的兔子，事業能量自然是旺盛的。再加上五行屬水的「亥水」太歲，以十分協調的「三合」方式生助卯兔的五行（木），這是一種貴人明顯與資源豐沛的象徵，而就此種吉利現象延伸，發覺這是個團隊合作行動的象徵。

企業兔子務必先壯大自己的團隊結構，而不是急著拓展事業版圖。

上班族兔子則有必要選擇制度佳、具有企業文化與遠見的公司，也就是說選擇企業比選擇職位重要多了。

不過對於商務事業屬性的兔子而言，這不會是理想的出發年，商務擴大是好事，但整體性的規劃卻是必須，許多時候機會未必真的是機會，貿然行動是需要付出機會成本的。

## 財利運勢 ▶▶▶

買對了比賣對了高明。這是兔子們己亥豬年的投資運寫照，只因為流年「偏財源吉星」和「偏財祿吉星」雙雙逢沖。換個角度來說，這一年最容易觸犯的忌諱就是「猜測」，亦即所謂的「預設立場」，因為極容易因為誤判而壞了賺錢大計讓荷包受傷。

設妥區間，並且確實執行，這是成為股市投資贏家的好策略。儲蓄型的標的值得關注，定期定額是理想的積累財富的模式。

企業商務兔子們，妥善管理現金流，分散風險為先。商品行銷最大的機會就是盲從或跟隨，唯有開拓獨特性商品，否則保守經營為宜。

整體而言，今年財運並不理想，宜謹慎面對投資事務，不過卻適合購屋置產。

## 情緣運勢 ▶▶▶

有種體驗人生的感覺，這是一種完全自我負責，自己當家作主的感覺。如果真是如此，就要恭喜兔子們，因為這是順著太歲星能量翻轉人生的機會年。

對於已然成家或已有伴侶的兔子而言，這一年有機會構築屬於自己的幸福天地，就從布局溫暖的窩開始。換個角度來說，這就是所謂

的成家立業，即便是單身兔子也有機會，透過幸福的空間提升了情緣的磁場。

男士們的正緣星十分明顯，再加上太歲的祝福，這是個有機會邂逅具有「幫夫運」對象的流年。

女士們的正緣星就需要媒介了，建議隨身配戴老虎造型的珮飾，除了金屬材質其餘皆可。陶土、礦石最為理想。

**開運風水**

2019年兔子們面臨的是「五行嚴重不協調」的困擾。讓本來最喜歡見到的相生元素「水」，反而成為了今年最大的忌諱。因此藍色與黑色也就成為了宜減少運用的色系。

面對五行失衡的今年，風水布局十分重要。隨身配戴好虎造型珮飾，為的是把「歲合星」帶在身邊，藉此接納「歲合星」的能量，改變五行失衡的狀態。

屋宅的東北方擺放白色礦石，例如白水晶、透石膏……，化解「病符星」厄勢力，改善健康星的氣場。

西北方點一盞「長明燈」，提升貴人能量，並且讓「歲合星」更到位地轉化運勢。

貴人方位：東北方、正東方、東南方和正南方。
貴人生肖：老虎、兔子、馬、羊。

# 兔兒各年次流年運勢

## 1999年的兔子（民國88年，己卯年，21歲）

人脈也許未必是錢脈，不過人脈肯定是事業前景的命脈。

人脈星磁場明顯的今年，廣結善緣是絕佳旺運策略。除了勤於參加交流聚會外，架構或擁有一個誠摯互動與交換資源的平台或社群，才是贏家的智者之舉。

這一年的焦點是事業，不過卻忌諱合夥創業。

愛情運勢容易出現變化，強化互信才是重點策略。

劫財星明顯，親友借貸宜量力而為。投資求財，忌諱人云亦云。

## 1987年的兔子（民國76年，丁卯年，33歲）

機會出現了，最大的忌諱就是猶豫。

生命中最大的精彩在於演變，守住既有的成就而陷入一成不變，和接近生命盡頭沒有兩樣。這是個成就磁場旺盛的流年，而如何將既有的成就多元而豐富化，讓自己站在事業的浪頭上，機會出現了不猶豫，甚至創造機會，兔子們才不會辜負了太歲星的美意。

金錢星不明顯，代表名大於利，因此先創造自我價值再說。

女士們正緣星旺盛，幸福的機會同樣不宜猶豫。

## 1975年的兔子（民國64年，乙卯年，45歲）

走出習慣領域，接觸新的人脈；跨出舒適圈，接受新的挑戰。如果兔子們有這樣的決心與毅力，2019將會是個翻轉生命的流年。安排

新的學習機會，是最容易落實行動的啟動策略。

　　然而這卻是個容易陷入掙扎窘況的流年，原因是現實和理想容易出現落差。這個時候唯有繼續設定目標，檢視策略，修正思維，才有機會讓理想獲得落實。

　　企業兔子們走進市場，發覺需求，創造渴望。一般兔子們進修本業與培養第二或第三專長，讓自己進入無法取代的位置。

　　男士們的貴人是另一半，正緣星明顯值得為愛情努力。女士們把「家」布局好，幸福才有機會填滿。

## 1963年的兔子（民國52年，癸卯年，57歲）

　　健康是最大的財富，而壓力是無形的殺手。對於經驗與歷練豐富的兔子們而言，應該不容易感受到所謂的壓力，但還是不宜忽略了心身靈的調適，無論如何都要為自己安排定期的休閒或旅遊。

　　這一年的事業機會星十分活絡，身邊的機會將不斷湧現，不過貿然行動的結果，不但做小了機會，也讓自己的企圖心陷入困境。準備好的再出發，單打獨鬥永遠不如團隊合作。

　　女士們宜謹慎面對情感事宜。

## 1951年的兔子（民國40年，辛卯年，69歲）

　　生命中最幸福的事，那會是什麼？對於兔子而言，就是擁有自己的空間，隨心所欲的空間。而這個空間，兔子們可以在生活中尋找，也可以在內心世界營造。白話地說，那就是隨緣。幫助人是快樂的事，不過最好從幫助自己開始，那就是「利己、利人、利眾生」。

　　「家」的幸福指數頗高，值得用心，因為那是整體好運勢的根基。放慢步伐，享受慢活，生命的美好有機會獲得體驗。

# 兔兒流月運勢

**宜謹慎面對的月份：二月、三月、八月、九月、十一月、十二月**

### 正月 運勢（國曆2/4～3/4）

　　一年之計在於春。這不會是口號，「歲合吉星」職事的本月，是兔子們今年最幸運的時段。除了擬定計畫與目標，需要的就是行動了，就從向貴人拜年開始。攜帶「老虎珮飾」前往廟宇拜拜祈福，有機會興盛一整年。主動出擊就對了。

### 二月 運勢（國曆3/5～4/3）

　　雖然是「太歲三合月」，也是「太歲將星月」，不過卻是兔子們的本命月。謹慎行事是本月的叮嚀，只為了避免物極必反的情況發生。本月不利嫁娶。合作案件的洽商，稍安勿躁為宜。投資求財，忌諱人云亦云。謹言慎行，以免招惹口舌。

### 三月 運勢（國曆4/4～5/4）

　　有道是「自己是最好的貴人，同時也是最大的小人」，在「小人星」明顯的本月，上個月的謹言慎行值得延續。「六害星」職事的本月，事務的執行需要更多的毅力，再堅持一點點就好。本月不利嫁娶。劫財星干擾，宜謹慎理財。

## 四月 運勢（國曆5/5～6/4）

雖然是「歲破」之月，對於整體大環境而言，這個月諸事不宜。不過對於兔子們而言，卻是機不可失。這個時候出現的機會，需要牢牢掌握。事業的異動值得考慮。唯一要提醒的是交通安全，勞累莫駕駛。愛情世界多采多姿，謹慎為宜。

## 五月 運勢（國曆6/5～7/5）

歲祿星和本命文昌星併臨的本月，上個月的精彩可望獲得延續。行動延續，計畫延續，收成則容易出現在下個月。雖然如此還是需要低調，以免招惹了「五鬼小人星」，小人成不了事，卻容易壞事。男士們愛情運勢頗優，值得努力。

## 六月 運勢（國曆7/6～8/6）

三合吉星照拂的本月，是個理想的收成月。投資求財，宜順勢納財。所有的事務見好便收，並且默默執行。雖然如此，事業出發卻是吉利的，有想法就給予相對的做法，心想事成的能量值得掌握。愛情運勢男優於女。

## 七月 運勢（國曆8/7～9/6）

傳統的七月，恐怕就要收斂了。雖然擇日學中，依舊把本月記載為「大利嫁娶」，不過還是從善如流為吉。「歲害星」職事，再加上本命「死符」、「小耗星」當道，即便出現「月德吉星」，重要事務

還是另擇他月為宜。不過女士愛情運卻十分理想。

## 八月 運勢（國曆9/7～10/7）

中秋之月，月圓人團圓，應該吉利非常。不過由於衝剋的因素，這不是兔子們的月份，諸事不宜是貼切的詮釋。安排中秋之旅，享受中秋的喜悅，家庭的團聚。另外最適合的就是祝賀送禮，除了通訊媒介外，電話的聲音會更有效果。

## 九月 運勢（國曆10/8～11/6）

本命「三煞」之月，雖然出現了「歲德吉星」和「六合吉星」，本月還是諸事不宜。合作事宜適合逐步洽商，金錢的支出則宜避開本月。男士們宜謹慎面對情愛事務，不是你的菜，就別掀那個蓋。貿然行動是投資求財最大的忌諱。

## 十月 運勢（國曆11/7～12/6）

太歲之月，也是兔子們的三合之月。即便出現了月犯「白虎」之象，也是吉利之月。捐血一袋，救人一命，一紅化九災，挽起袖子捐出鮮血改運去。投資求財宜謹慎，誤判的磁場頗盛，多觀察，少行動為宜。家的磁場頗優，大利修造調整風水。

## 十一月 運勢（國曆12/7～1/4）

桃花滿天飛的本月，人際關係磁場頗優，大利廣結善緣。雖然如

此，人多的地方還是不要去，因為口舌是非星容易作祟。「太陽星」高掛的本月，事業星磁場亦佳，適宜積極營造「人和」的能量，就從聆聽和讚美開始。

## 十二月 運勢（國曆1/5～2/3）

年終歲末，兔子們的氣場進入了內斂狀態，這是個不宜出現巨大動作的月份。即便擁有偉大的計畫，也請安排於年後再行動。本月宜謹慎面對愛情事務，耐心與關懷是最好的趨吉避凶元素。健康星也不理想，留意天候變化，不宜過於勞累。

# 走出「歲破」陰影 把握機會就能開運

龍族們開運了！因為放下了「歲破」，也就是「大耗」的陰影，壓力也隨之消逝。不過「大耗」之後緊接的卻是「小耗」，龍族們要如何真正地開運呢？

## 流年運勢 ▶ ▶ ▶

走出「歲破」的陰影，龍族們相信會有一種豁然開朗或撥雲見日的感覺，畢竟沖太歲的去年（2018）真的比較挑戰。「歲破」也被稱為「大耗星」，相對機會也比較活絡，重點在龍族們是否付出了「破釜沉舟」的心力掌握。

有此一說，「歲破」好比大地震的主震，雖然震出耗損，也容易震出機會，因此被認為是大好大壞的流年。進入2019己亥豬年，可以說是開運了。不過龍族們要面對的卻是「大耗星」之後的「小耗星」，就好像「主震」過了之後的「餘震」，根據地震專家的說法，有的時候「餘震」很可能會比「主震」還要強烈。

| 幸運顏色 | 幸運數字 | 吉利方位 |
|---|---|---|
| 粉綠、深紫色和白色 | 7、3、5、9及其組合 | 東方、東南方正南方、正西方 |

回到傳統流年運氣的角度，「小耗星」顧名思義就是「小小耗損」，卻也是一種不容易察覺的消耗，就好像家中水龍頭漏水或錢包破個小洞一般，好運氣容易在不知不覺中一點一滴地流失。此種比喻十分恰當，因為對於龍族們而言，2019己亥豬年就是典型的劫財年。（財運細節請閱讀「財利運勢」）

矛盾的是，這是個擁有許多吉利星曜照拂的流年，例如龍德、紫薇、紅鸞星……等。代表的是，容易遇到事業貴人，因此有人會在這一年啟動事業，也有人會變動職場環境向上攀升。而由於「紅鸞吉星」的照拂，姻緣氣息也容易獲得引動，生命中的重要伴侶很可能在這一年出現。

然而可惜的是，由於己亥太歲五行並不協調，因此前述種種吉利星曜需要策略引動，否則也只不過是「路過」罷了。至於如何引動，請繼續閱讀後續文章。不過要格外提醒的是，這一年的「健康星」十分不理想，建議安排進行整體性的健康檢查。另外捐血也是理想的轉運策略，因為一紅化九災。


## 🎒 事業運勢 ▶ ▶ ▶

沉得住氣才能成大器。對於龍族們而言，這是個十分貼切的流年事業座右銘。

雖然在太歲氣息中，不乏事業的策略與機會，不過由於五行節奏處於快速狀態，這是個容易出現患得患失的流年。這個時候謀略成為了重要課題，即便目標明確，同時也充滿勝算，然而計畫依舊不能省略。不論是時間節奏管理，還是未雨綢繆的風險評估，都有必要步步為營地落實。唯有如此，才有機會營造「龍德吉星」所提供的「名利

雙收」氣息。

　　事業的出發或轉型要循序漸進，第一步踏穩了，再邁出第二步，接下來就是營造「名氣」了。這是品牌的建立，也是專業的肯定。而考取證照等於獲得進入職場的入場券。

##  財利運勢 ▶▶▶

　　賺錢容易，存錢難。所以很多人會選擇到廟裡拜拜補財庫，但是卻很少人知道家中「劫財位」厄勢力的化解。今年的「劫財位」在正南方，至於如何化解請閱讀「開運風水」。

　　龍族是今年最需要規避「劫財星」干擾的生肖之一。謹慎理財是必須的提醒，由於影響的是偏財，因此投資求財和商務買賣更需要謹慎再三。雖然做生意的目的就是為了賺錢，不過不切實際的利益莫貪為宜。股市投資標的宜以傳產類股為首選，而定期定額的商品也值得關注。

　　有意購買自住型屋宅的龍族們，這是個進場選購吉利好宅的好流年，既化解的「小耗星」厄勢力，同時也藉機化劫財為生財。

## 情緣運勢 ▶▶▶

　　「紅鸞星動」在傳統的認知上，這肯定是個容易出現浪漫情緣故事的流年，然而實際上恐怕並非如此。

　　對於男士們而言，這是個宜謹慎面對情感事務的流年。只因為「偏緣星」氣勢明顯，再加上又出現了「桃花劫」的困擾，避開情感糾葛的策略就是不適宜的對象敬而遠之，惹上有主名花可就不妙了。

已有伴侶的男士與另一半的溝通，也需要多一點耐心和愛心。

女士們十分吉利，不但擁有旺盛的幫夫運，而且還是個理想的「白馬王子年」。單身適婚女士，可望獲得幸福的邂逅。已有伴侶的女士，扮演另一半的貴人是值得驕傲的。

其餘女龍族們，也值得多愛自己一點，就從給自己一個溫暖舒適的窩開始。

龍的本命五行屬土，相生和助益的五行是火和土，而紅和黃是吉利顏色系列，本命幸運方位為南方與東南方。

2019己亥豬年，太歲五行水氣沈重，流年運勢容易被焦慮所籠罩，因此有必要執行化解策略。木與火是最理想的轉運元素，若搭配土星則五行相生有序，極容易讓創業成功，名利雙收，健康星獲得呵護。

住家與辦公室的正南方，擺放一盞長明燈，既可使家庭整體運勢獲得平安順遂的提升，又可化解劫財星氣勢，可以是一般的檯燈、立燈，最好是具有能量的礦石或鹽燈。隨身攜帶虎眼石珮飾，則是最聰明的選擇。

**流年幸運方位**：東方、東南方、正南方、正西方。
**流年貴人生肖**：老鼠、猴子、兔子、馬。

# 龍兒各年次流年運勢

## 2000年的龍族（民國89年，庚辰年，20歲）

走出舒適圈！這樣的陳腔濫調，肯定不會讓「庚辰」龍族所接受，尤其是在這樣充滿機會的流年，積極掌握都來不及，更何況當舒適圈是一種謹慎代表的時候，稍微多待一段時間反而值得建議。換言之，也就是準備好的再出發。

學習的機會十分活絡，再加上「學習星」與「官祿星」共鳴的今年，比開卷有益的就是專業學習了。男龍族宜明白愛情不會是目前唯一選項。

## 1988年的龍族（民國77年，戊辰年，32歲）

謹慎理財！因為「劫財星」氣勢明顯。不過也有機會借力使力，因為龍族們擁有「財庫星」，因此關鍵策略在於「見好便收」，以及設妥合作遊戲規則並且確實執行。

男士們要留意異性互動的禮儀，分寸宜有拿捏，因為「桃花劫」虎視眈眈。最好的策略就是專注在事業上。

女龍族們雖然同樣宜避開有主對象，不過由於「正緣星」氣勢旺盛，該穩定下來的對象就別猶豫了。

## 1976年的龍族（民國36年，丙辰年，44歲）

萬事具備只欠東風。「官貴星」得到了「太歲星」的護持，龍族們的事業氣息隨之活躍起來，只是由於缺乏穩定的「權勢星」，龍族

們對於事業的拼搏恐怕就不宜莽撞了。因為到了壯年階段的人生，是經不起辛苦之後的功虧一簣的，而這個東風就是計畫、團隊和進可攻退可守的圓融。

「偏財源吉星」主事，偏財運隨之旺盛，投資求財與業務買賣值得加把勁，但收受款項也要勤快。

## 1964年的龍族（民國53年，甲辰年，56歲）

擁有「歲德吉星」的背書，龍族們的流年運勢吉利。另外，幸福如意的磁場也十分明顯，這也是個悠然自得的流年。家庭運勢十分理想，對於搬家、修造等家務事而言，更是值得著手進行，因為幸福好運氣容易因而提升。另外，有意購買屋宅的自住型買家也值得進場。

事業經營與投資買賣宜謹慎布局，充分觀察市場之後，不動則已，動則出奇制勝。男士們宜多關心另一半的健康。

## 1952年的龍族（民國41年，壬辰年，68歲）

自私是一種不被建議的行為，更是不被認同的修為。不過，如果是要對自己好一點的「自私」，卻是受到鼓勵的。對於龍族們而言，更需要如此。維護地球安全的是太空超人，不是龍族們，因此朋友的事交還給朋友處理，錢財借貸也遵守「救急不救窮」的原則。

企業龍族們，宜建立和維護自家品牌，有了知名度，就有機會提升獲利度。而旅行則是改變生命磁場的秘方。

# 龍兒流月運勢

**宜謹慎面對的月份：二月、三月、六月、九月、十二月**

### 正月 運勢（國曆2/4～3/4）

　　新春驛馬月，再加上「歲合星」的祝福，自然是安排歡樂旅遊了。這是個充滿啟動能量的月份，旅遊的同時也要為新的一年設定目標，聚焦能量達標。女士們的愛情運勢如春風，可望得意喔！家庭運勢頗佳，新年布局好風水，旺個一整年。

### 二月 運勢（國曆3/5～4/3）

　　雖然是「太歲三合月」，按理說應該吉利可期，不過由於正值本命「六害星」職月，謹言慎行是理想策略。本月不利嫁娶。另外由於「健康星」氣勢不佳，宜多留意養生事宜，尤其是腸胃的保健。事業的出發與轉型，稍安勿躁為宜。

### 三月 運勢（國曆4/4～5/4）

　　本命月這是一種能量重疊的概念，和自我矛盾有關，重要吉事與抉擇避之為宜。婚姻嫁娶避之為宜，以免招惹孤寡之厄。人云亦云是大忌，事業上避開因人設事之嫌，投資求財更需要做足功課。幸運的是「月德」照拂，尊重就有貴人。

### 四月 運勢（國曆5/5～6/4）

「太陽吉星」高掛，本月運勢容易有陽光普照的感覺。然而對整體環境而言，卻出現了「歲破」的現象，這個時候龍族們只要穩住自己的架式，依舊吉利可期。只是大環境不佳，宛如交通紊亂一般，自身謹慎外，還需要提防別人粗心。

### 五月 運勢（國曆6/5～7/5）

心動就該馬上行動！「歲祿星」當家的本月，不只是諸事皆宜，對於機會的掌握，有必要化被動為主動。當最壞的結果已然獲得掌握，就該大膽行動。本月大利成家立業。唯一需要提醒的是，由於月犯「喪門」，探病與弔唁審慎為之。

### 六月 運勢（國曆7/6～8/6）

本命「三煞月」，再加上不協調的磁場十分強烈，本月諸事不宜，自然也就不利嫁娶。職場上重要抉擇更應迴避，如果勢在必行，建議傾聽「圈外人」的意見，因為旁觀者清。謹慎理財，拒絕劫財星的厄勢力。健康運不佳，多休息為宜。

### 七月 運勢（國曆8/7～9/6）

雖然是傳統的鬼月，市場上無不敬敬畏畏。不過對於龍族們而言，卻是「人緣文昌星」主事的月份，本月可為人所不敢為，勇敢承接容易受到肯定。鬼月不畏懼，幸運之神不歇息。只是，男士們還是

要迴避不適宜的情愛對象。

###  八月 運勢（國曆9/7～10/7）

六合之月，諸事皆宜。人緣桃花星盛開，本月大利廣結善緣。根據傳統「擇日學」的記載，本月不利婚姻嫁娶，雖然沒有道理，不過還是信其有為宜。月犯「小耗星」，莫因善小而不為，魔鬼藏在細節裡，重要抉擇多給自己三分鐘。

### 九月 運勢（國曆10/8～11/6）

本命六沖月，再加上「歲煞星」的主事，這是今年最需要謹慎、再謹慎的月份。通常這個時候最為理想的趨吉避凶就是旅遊，安排賞楓之旅，換個磁場和心情，龍族們一定紅。「五鬼大耗星」代表許多事情，避免直接回應。

### 十月 運勢（國曆11/7～12/6）

太歲之月，按理說應該是大好大壞之月。不過由於龍族們的重量級吉星併臨，因此有了百無禁忌的特有權利。職場事業的轉變，新事業的出發都宜順勢執行。投資求財有利可圖，逢高調節為先。本月大利嫁娶，不過男士們還是宜提防爛桃花。

### 十一月 運勢（國曆12/7～1/4）

「將星」三合月，本月諸事皆宜。上月的布局，這個月有機會收

成，事業如此，財利運勢也是如此。「歲絕」的能量在環境中，這是個靠人不如靠自己的月份，而「將星」所代表的就是擔當。另外「白虎星」的血光需要化解，捐血是好策略。

## 十二月 運勢（國曆1/5～2/3）

不協調的磁場再度出現。本月不適合出現太大的動作，例如換工作、搬家、重大投資案的啟動……，只因為負面能量暗中虎視眈眈，稍有不慎就牽一髮動全身。太歲太陰星照拂，本月運勢男利於女。健康星氣勢不佳，年關期間養生很重要。

# 掌握關鍵機會 化危機為轉機

沖太歲！也就是「歲破」。根據傳統說法，這是運氣最容易受到影響的一年。雖然最大的忌諱是輕舉妄動，然而據說這也是個容易出現關鍵機會的流年喔！

## 流年運勢 ▶▶▶

　　歲破是蛇族們今年的生肖代號，只因為蛇族們衝剋了2019己亥太歲星。太歲星在傳統認知上是流年當值君王，也是一整年氣勢的主軸，衝剋主氣的結果是很可怕的。因此，蛇族們成為了今年最需要安太歲的生肖。

　　就保平安也保心安的角度來說，蛇族們最好前往廟宇安太歲（雖然也可以在家中安太歲，不過還挺麻煩的，專業的部份，還是交給專業的好）。安太歲的同時，也建議祭改「車關」，因為在歲破的衝剋火線範疇中出現了「驛馬星」的身影。

　　另外，既然「沖太歲」的陰影中有了「驛馬星」的身影，那麼輕舉妄動也就成為了今年的大忌諱。再就「官貴星」也受到了「歲破」

| 幸運顏色 | 幸運數字 | 吉利方位 |
| --- | --- | --- |
| 綠色、紅色<br>駝色 | 9、4、5、3<br>及其組合 | 正東、東南<br>正南 |

的影響看來，職場上的異動恐怕就要三思，再三思了。（請參考「事業運勢」）

不過在「沖太歲」的現象中也並非一無是處，正所謂「衝動」，出現了「衝」，也容易出現「動」的能量，而此種「動」的能量指的就是機會，並且是由太歲星所引動的「關鍵機會」。至於如何掌握與運用，就需要策略了。（趨吉避凶策略，請參考開運風水）

「太歲五鬼星」是「歲破」之外必須妥善規避的煞星。傳統上「五鬼星」指的是「小人星」，是一種阻礙的能量，因此蛇族們在這裡又多了一項功課，那就是謹言慎行，避免禍從口出，招惹了口舌是非。

值得一提的是，健康星在這一場「歲破」的局面中，扮演的是受害者的角色。妥善管理情緒，再加上規律的作息，以及舒適的居家風水布局，有機會化危機為轉機。

## 🧳 事業運勢 ▶ ▶ ▶

雖然是「歲破」之年，不過只要趨吉避凶和風水布局做得好，這一年的事業運勢將依舊是吉利而旺盛的。

就衝突理論的角度來說，由於「歲破」能量中存在著「挑戰能量」的衝撞，因此只要給予適當的轉嫁介質，則有機會獲得借力使力的能量凝聚。而這個「適當的轉嫁介質」在開運珮飾上就是「老虎」造型珮飾，在策略運用上則是計畫與宏觀，以及團隊和合作。換個角度來說，這一年「單打獨鬥，不如團隊合作」，互聯網的概念值得蛇族們借鏡。

不論是企業老闆，還是一般蛇人，構築自己的事業凝聚點十分重

要。企業的穩健、自我核心價值與目標的設定是同一件事情，而這就是創造興盛的關鍵訣竅。

##  財利運勢 ▶ ▶ ▶

按理說這是個「財富豐碩」的流年，只因為蛇族們遇到了「太歲偏財祿星」。

可惜的是，由於「歲破」現象的緣故，這顆「太歲偏財祿星」出現了一種「過路財神」的現象。而這個時候，唯有運用策略才能夠把財神留下，隨身配戴「咬錢虎」和在客廳擺放「聚寶盆」是理想的風水策略，而投資理財則是搭配階段獲利策略，持盈保泰，多賺少賠。

整體而言，財利運勢以春天最為理想，夏天可望收成，宜見好便收，秋天以後的下半年宜謹慎理財。

企業經營以保本為先，開拓市場之舉也宜量力而為。一般蛇人則宜以儲蓄概念為理財標的與策略，而有意購買屋宅的蛇人，值得進場，因為有機會守住日後財富。

## 情緣運勢 ▶ ▶ ▶

還是「歲破」惹的禍。傳統認知上，沖太歲的流年是忌諱婚姻嫁娶的。姑且不論是否迷信，一輩子的幸福是沒有必要拿來當賭注的。許多時候寧可信其有。

這一年女性蛇人對於情緣運勢需要多費心思，雖然「正緣吉星」臨太歲之位，按理說應該擁有個好因緣，不過由於「歲破」的緣故，已有伴侶的女性蛇人在彼此的互動上宜多一些耐心，也需要關心另一半

的健康。而有意結束或解除惱人的情緣，只要技巧得當，這是個理想的「停損年」，只是方法務必得體，避免衝撞，否則容易惹火上身。

雖然姻緣星不明顯，不過「正緣星」桃花觸角卻暗中萌芽，單身適婚男性蛇人宜多觀察身邊有緣的她。

## 開運風水

理想的風水布局是最有效、最直接、最快速的轉運策略。2019年沖太歲的蛇族們是最需要轉危為安的生肖，因此風水布局之舉馬虎不得。

蛇的本命方位在東南方，本命五行屬火。「座東朝西」和「座東南朝西北」是理想的風水方位，辦公桌和床位都適宜。只是在水氣旺盛的今年，蛇族們有必要在這些方位擺放綠色植物盆栽或蝴蝶蘭、花卉，具有神奇的旺運效果。

「歲合星」是蛇族們今年化解「歲破」的轉運吉星，而「歲合星」的代表圖騰是「老虎」，隨身配戴老虎造型珮飾，亦可用貔貅取代老虎。

流年幸運生肖：老虎、兔子、馬。
流年幸運方位：正東、東南、正南。

# 蛇兒各年次流年運勢

## 1989年的蛇（民國78年，己巳年，31歲）

魚與熊掌難以兼得，而這正是蛇人們在這一年的窘況。我們都知道人脈很重要，而好的人脈也得來不易。因此這一年有必要執行廣結善緣的策略，勤於參加可以和人脈連結的聚會，不過千萬不可陷入金錢交換的泥沼中。

事業務必擁有合作的思維和系統，否則不容易凝聚貴人能量。錢財方面，則宜謹慎理財，只因為劫財星盛氣凌人。

愛情方面，男性蛇人宜避開不適宜的對象，女性蛇人即便不利嫁娶，對的人還是不宜錯過。

## 1977年的蛇（民國66年，丁巳年，43歲）

這一年最大的忌諱就是「輕舉妄動」，以及「心直口快」。除了因為流年磁場中出現了官非和口舌的陰影外，還有事業變化的跡象。在這一年中，任何重要事務的抉擇，都有必要經過深思熟慮，最好是經過團隊的討論或經過請益後再行動。按部就班，步步為營，即便是一成不變也無妨。

由於「財利吉星」和「財源吉星」雙雙告急，投資求財宜謹慎，企業家的現金流宜妥善規劃，一般蛇人宜避開「得了面子，失了裡子」的情形。

女性蛇人的愛情運勢頗佳，對的人不宜隨意放棄。

## 1965年的蛇（民國54年，乙巳年，55歲）

擁有十八般武藝，遇到流年磁場不利的情況，恐怕也會是「英雄無用武之地」。

在這樣的流年中，維持穩健的步伐十分重要，即便是水到渠成的機會，還是有必要多方檢視，以及未雨綢繆的風險管控，否則極容易血本無歸。一般蛇人，在做好萬全準備之前，千萬不可輕言退休。

健康是今年最重要的課題，安排整體性的健康檢查有其必要，補充營養和養生知識同樣重要。

## 1953年的蛇（民國42年，癸巳年，67歲）

這是個多元的社會，具有豐富的訊息，讓擁有片刻的寧靜都成為奢侈。對於「癸巳年」蛇人而言，今年最需要的就是屬於自己，不受打擾的放空時間與空間。因為這將會是個繁雜到讓人心煩的流年，因此想要擁有個幸福的流年，就從學會放下開始。

另外，「家」是蛇人們最安全，最不需要憂煩的地方，靜雅的布局十分重要，而舒適的風水感更是缺失不得。女性蛇人宜密切關心另一半的健康。

## 1941年的蛇（民國30年，辛巳年，79歲）

隨心所欲，心想事成，這是一種與世無爭的境界。對於「辛巳年」蛇人而言，這樣的順遂境界容易在這一年受到挑戰，而這個時候「隨緣」成為了十分理想的趨吉避凶思維。然而值得一提的是，「隨緣」不代表是不可為，而是換個角度與態度接觸世界。體力夠就該到處走走；精神好就該安排學習機會；胃口與牙口好，美食嚐鮮不可少。唯一要謹慎節制的就是投資理財。

# 蛇兒流月運勢

**宜謹慎面對的月份：正月、三月、四月、七月、十月**

## 正月 運勢（國曆2/4～3/5）

　　一年之計在於春。福德、天德和福星併臨的本月，自然是吉利非常。再加上「歲合星」職月，蛇人轉運的大好機會就在本月。將隨身配戴的咬錢虎珮飾，到廟宇拜拜注入能量，可帶來一整年好運勢。家庭出遊的好機會，宜積極安排與執行。

## 二月 運勢（國曆3/6～4/4）

　　太歲三合月，再加上太歲將星護持，這是個吉利的月份。家庭運勢頗旺，搬家、入宅和修造之舉，甚至於有意購買屋宅的自助型買家值得進場選屋。二月初春，整理計畫的動作持續，為的是更加完美。有些理所當然的事務，宜換個角度面對。

## 三月 運勢（國曆4/5～5/5）

　　本命三煞之月，諸事不宜。雖然紅鸞星和月德吉星併臨，但重要事務如婚姻嫁娶，也都以迴避為佳。季節交換，又出現病符星身影，此月宜妥善管理健康事宜。男士們的正緣星暗中使勁，本月良緣可得。不過宜謹慎理財，大忌支借錢財。

### 四月 運勢 （國曆5/6～6/5）

本命之月也是歲破月，諸事不宜。幸運的是「歲德合吉星」臨月，此月適宜進行季度檢視，對於衝撞後所激盪出的點子，宜珍惜。劫財星氣勢旺，宜謹慎理財。本月不利嫁娶，愛情事務也宜低調面對。職場事務耐住性子，事緩則圓。

### 五月 運勢 （國曆6/6～7/6）

雖然是「歲祿吉星」職事的月份，再加上蛇人們的桃花星盛開，不過此月只適宜開拓人脈，廣結善緣。事業上的合作宜謹慎，認真思考的結果反而容易獲得強大能量的肯定。本月依舊宜謹慎理財。由於月犯「血光」，行車宜小心。

### 六月 運勢 （國曆7/7～8/7）

月犯「喪門」，本月不宜弔唁與探病，勢在必行也需要攜帶「粗鹽」趨吉避凶。太歲三合與正緣吉星明顯，男士們的情緣運勢頗旺，宜順勢珍惜與掌握。「太歲華蓋星」職月，才華有機會展現，但忌諱心直口快，多做少說為宜。

### 七月 運勢 （國曆8/8～9/7）

六合之月，按理說應該是諸事皆宜。不過由於「歲害星」作祟，這是個不平安的月份。牽絆一種很不舒服的感覺，即便是「貴人」的緊迫盯人也是如此。男士們要謹慎面對異性的互動，招惹了「桃花

煞」是很麻煩的事。

### 八月 運勢（國曆9/8～10/7）

三合將星之月，吉利的能量值得期待。中秋之月，圓滿的磁場頗盛，再加上朋友星也十分活絡，本月大利廣結善緣，更是大利成家立業。財富星氣勢亦強，投資求財有利可圖。男士們的情緣運勢啟動了，中秋是編織圓滿的好節日。

### 九月 運勢（國曆10/8～11/7）

歲德吉星和紅鸞吉星的併臨，男士們上個月對於情感的努力，此月應該會有好消息才對。雖然「歲煞星」職月，不過「月德吉星」的吉利能量，蛇人的整體運勢指數依舊不差，順勢而為是本月趨吉避凶好策略。本月大利嫁娶。

### 十月 運勢（國曆11/8～12/6）

太歲之月，最容易出現的現象將會是大好大壞。對於蛇人而言，由於遇到了本命六沖，因此恐怕大壞容易多過於大好，因此謹慎成為了重要的行事態度。驛馬星啟動了，那是一種負能量，因此喝酒後和疲勞時千萬不要駕駛。本月不利嫁娶。

### 十一月 運勢（國曆12/7～1/5）

貴人和小人傻傻分不清楚，這是人生最大的恐懼。而這也是本月

整體磁場所隱藏的訊息，因為貴人星明顯，而小人星卻在暗中作祟。本月宜謹慎理財。女士們要謹慎面對的是情緣運勢，強摘的果子不甜。本月不利嫁娶。

## 十二月 運勢（國曆1/6～2/3）

三合之月，雖然吉利可期，不過由於正值歲末年終，還是放慢步伐，調整好能量，準備迎接快樂的新年和告別「歲破」的日子。月犯「白虎」，冒險活動避之為宜。「太陰星」職事，男蛇人貴人多，女蛇人則宜避免樹敵。

# 幸運的一年
# 善設目標心想事成

萬事具備，只欠東風。就是這樣的流年，吉星照拂值得肯定，不過為德不卒的是，吉星能量出現但沒有到位，後續完整的部份，就需要馬人努力了。

## 📅 流年運勢 ▶ ▶ ▶

歲祿吉星照拂，這是個吉利的流年。再加上「太歲官祿星」伴隨，這一年的貴人也會十分明顯。

如此說來，高枕無憂應該就是今年可以預期的意境。然而如果仔細觀察，不難發覺現實和理想之間，還是出現了十分有意思的落差。至於這種落差的影響與趨吉避凶，讓我們繼續看下去。請馬人留意，接下來的文章將會是決定平凡或卓越的「細批流年」。

首先就太歲現象來說，這一年的幸運毋庸置疑，不過如果從是否實質接收的角度觀察，則會發覺缺乏適當介質的歲星氣場，僅止於賞心悅目而已，就好像「過路財神」一般，再怎麼親密接觸，再多的錢都是別人的。

| 幸運顏色 | 幸運數字 | 吉利方位 |
|---|---|---|
| 紅色、紫色 粉綠 | 9、4、3、2 及其組合 | 正東方、東南方 正南方 |

就因為這些現象，陶文老師才會用「萬事具備，只欠東風」作為文章開場白。而這個東風是不能等待的，需要馬人們自己順著太歲氣場的流動布局。換言之，太歲星已然提供了幸運的目標，而達成目標的工具則需要自己營造。

例如：「太歲官祿星」提供了有機會功成名就的能量，卻少了後繼力道與持續穩定發展的元素。而這個元素的五行屬金，也代表財富，代表宜謹慎理財、積累財富，同時也象徵必須架構自己的「價值觀」。以實質面來說，就是善設目標，唯有先畫了靶，才有努力的標的。「雞」的圖騰或珮飾具有喚醒的作用，材質以白水晶或金屬為佳。

又例如：「歲祿吉星」雖然提供了福祿的能量，代表的是逢凶化吉。不過如果搭配木的元素，則又多了心想事成的磁場動力。在現實生活中，木的元素代表的是計畫、藍圖、家庭、團隊、合作、內斂、自省……等。於是最好的策略將會是三思後行，大事業就該賦予大而完整的規劃，然後就是按部就班，按圖索驥，也就是所謂的「按圖施工，保證成功」。幸運圖騰是「老虎」。

## 🧳 事業運勢 ▶▶▶

「官祿星」主事的今年，事業運勢有了亨通順遂的基底。這一年有機會求名得名，因此拿取證照將會是最值得執行的旺事業策略。專業領域的馬人，則宜提升專業領域的技能，讓自己處於無法被取代的境界。企業馬人與其積極拓展疆土，不如先打響產品或公司名號與品牌為先，因為這是個先有名就有利的流年。

想要名利雙收，先提升流年運勢能量，配戴老虎造型珮飾與圖

騰，為的是獲得「歲合星」的加持，或者可以配戴「虎眼石」手鍊或珮飾，有助於提升決策或主事者的膽識，高瞻遠矚，洞燭機先。

由此可知，這是個宜以穩步趨堅為主，營造策略的流年，可以更換事業環境，不過必須先確定自己的職場價值是否獲得放大與提升。

## 財利運勢 ▶▶▶

想要成功一定要努力，不過努力並不代表一定會成功。耳熟能詳的一句話，拿來比喻馬人今年的財利運勢十分貼切。那就是「想要賺錢一定要努力，不過努力並不代表一定會賺到錢」。

原因在於今年的金錢星氣勢並不理想，再加上財庫位能量也不如預期。雖然馬人的本質聰慧，並且生財有道，不過「巧婦難為」的流年窘況需要化解，否則恐怕到頭來只會白忙一場。

企業馬人宜將經營主軸放在穩固成長的策略上，步步為營為佳。投資求財，春天收成，夏天區間，秋冬修身養息。市場通路與消費型概念標的值得關注，有意購買屋宅的馬人值得進場，因為吉屋可得，價錢也會十分迷人。

## 情緣運勢 ▶▶▶

恭喜單身適婚女性馬人，因為這是個「正緣星」氣勢明顯的流年，再加上「正官祿太歲」的守護，追求幸福不要客氣，見到好的男人就該主動追擊，化被動為主動才對得起太歲星所提供的正緣能量。

成家立業的訊息出現在太歲氣息中，而布局溫馨的窩則是迎接幸福的開始，整體家庭運勢也有機會因而獲得提升。

對於男士馬人來說，雖然姻緣星磁場並不明顯，不過正緣桃花星卻十分活絡，單身適婚男士們宜積極參與朋友聚會，讓美麗的邂逅有機會發生。

另外，想提升情緣桃花運，請在正北方插百合花或紫紅色蝴蝶蘭，同時也有機會旺人緣、興事業。

**開運風水**

馬人的本命方位在正南方，五行屬火。木與火是生助的吉利五行，而吉利方位也以「座南朝北」、「座東南朝西北」和「座東朝西」為佳。本命吉利色系則是綠色、紅色、紫色、橘色和咖啡色。

2019己亥豬年，紅色和紫色依舊是理想色系，不過如果同時搭配粉綠色系，則運氣的轉動會更圓滿。

今年的馬人是幸運的生肖之一，只是幸運磁場並沒有真正啟動，而這個啟動鑰匙需要「木」的元素，以生肖圖騰來說是兔子和老虎，而這兩個生肖也正好都是「歲合星」。屋宅的西北方擺放或懸掛「歲合星」圖騰或雕飾，具有啟動的神效。木化石與虎眼石擺件值得參考。

流年貴人方位：正東方、東南方和正南方。
流年貴人生肖：猴子、雞、老虎和兔子。

# 馬兒各年次流年運勢

## 1990年的馬（民國79年，庚午年，30歲）

「歲祿吉星」照拂，這是個幸福而安逸的流年；「文昌星」職歲，人緣磁場與企圖心都將獲得提升。這是一種十分有意思的組合，因為安逸和企圖心磁場的重疊，最容易出現的就是矛盾了，說白點那就是「心動未必會付諸於行動」。設定目標堅持到底，或者擬定計畫然後按部就班，都會是理想的化解之道。

幸福磁場旺盛，家庭運勢也隨之提升，結婚吧！你會很幸福的。

## 1978年的馬（民國67年，戊午年，42歲）

謹慎理財！建議把這句話當成流年座右銘，時時提醒自己，只因為「劫財星」十分明顯。

人際關係磁場活絡的今年，最適宜廣結善緣了，因為有機會積累貴人籌碼。只是還是要提醒的是可以多交朋友，亦可借力使力共享資源，但合夥投資之舉卻萬萬不可。朋友有通財之義，親友借貸，宜量力而為。男士們宜謹慎面對的還有情感事宜，不適宜的對象敬而遠之為佳。

## 1966年的馬（民國55年，丙午年，54歲）

這是個多變的世界，而現在的人也學會了順時應變的本領。對於丙午馬人而言，更需要向變色龍學習，正所謂「山不轉路轉，路不轉人轉」，唯有做好應變的能力與籌碼，己亥豬年才會是個幸運而順遂

的流年。心轉彎，路更寬；學會靈活轉彎，事業不碰壁。

「正緣星」氣勢旺盛，女性馬人的愛情運勢頗佳，單身適婚者宜珍惜機會，已有伴侶的妳不要吝嗇釋放肯定與讚美的訊息。

## 1954年的馬（民國43年，甲午年，66歲）

「歲德吉星」是甲午馬人今年的流年守護神，再加上「歲祿吉星」的伴隨，這是個幸運的流年。

自得其樂是今年的開運秘訣，因為在流年磁場中布滿了心想事成的訊息，而能量來自於好心情。

家庭運勢頗優，搬家、入宅、修造和購屋置產之舉宜順勢執行，而布局好風水更是重要。

投資求財設妥區間，確實執行才有利可圖。

男士們的另一半是流年貴人，宜珍惜，更宜用心疼愛。

## 1942年的馬（民國31年，壬午年，78歲）

壓力是自己給的，煩惱也是自己找的，而降低壓力與化解煩惱的最佳策略就是放下。

看到前面文字，馬人的壓力應該更沉重了吧！其實這是個尊貴的流年，如果是20年前，遇到此種流年，陶文老師會提出積極創業，努力打造事業王國的建議。雖然壬午馬人依舊老當益壯，不過退居幕後或成為顧問將會更加尊貴。

健康星氣勢不佳，保健養生事宜要多用心，吃好睡好自然沒煩惱。

# 馬兒流月運勢

宜謹慎面對的月份：四月、五月、十一月、十二月

### 正月 運勢（國曆2/4～3/5）

　　三合之月，又是新春之際，喜悅與新奇是必須要的感覺，因為馬人正在迎接幸運的新年。「歲合吉星」主事，這個月的人脈磁場十分活絡，也十分重要，代表恭賀新年的人數與一整年的幸運指數將會成正比。此刻更需要計畫與設妥年度目標。

### 二月 運勢（國曆3/6～4/4）

　　太歲三合之月，也是福星高照之月，本月諸事皆宜。人緣桃花星隨著春風起舞，大利廣結善緣，就從勤於參加不同領域的聚會開始。唯一要提醒的是，放下先入為主的思維。家庭運勢頗佳，搬家、入宅和修造事務，宜順勢執行。

### 三月 運勢（國曆4/5～5/5）

　　太歲「小耗星」職事的本月，行事宜謹慎，理財更需要小心，因為小小耗損是不容易察覺的。這個月最容易體驗的感覺將會是孤單、勢單力薄的感覺，於是廣結善緣和借力使力成為了重要的趨吉避凶。健康星磁場不佳，宜留意養生。

## 四月 運勢（國曆5/6～6/5）

歲破之月，諸事不宜。本月不利嫁娶。雖然太歲衝剋磁場混亂，不過卻是個十分理想的檢視月，檢視第一季的執行狀態，迎接火熱的第二季。這個月的投資與行事，最大的忌諱將會是「人云亦云」，耳根子輕，容易一事無成。

## 五月 運勢（國曆6/6～7/6）

本命之月，雖有「將星」與「歲祿吉星」照拂，待人處事還是有必要展現圓融。本月不利嫁娶。男士們宜謹慎面對愛情事務，謹記天底下沒有白吃的午餐。謹慎理財，只因為劫財星暗中虎視眈眈，親友借貸宜量力而為。

## 六月 運勢（國曆7/7～8/7）

六合之月，同時也是太歲三合月，諸事皆宜。本月大利嫁娶。由於月犯「喪門」與「白虎」，本月不宜弔唁與探病。男士們的情愛運勢頗佳，因為正緣星明顯。謹慎理財就是本月重要課題，因為劫財星氣勢依舊旺盛。

## 七月 運勢（國曆8/8～9/7）

敏感的七月，再加上月犯「歲害」，重要抉擇稍安勿躁為宜。驛馬星氣盛，大利為事業奔波，因為辛苦有成。不過轉換跑道之舉，則事緩則圓。女士們的情緣運勢頗佳，正緣星美而好。健康運勢並不理

想，宜留意養生事宜。

## 八月 運勢（國曆9/8～10/7）

月圓人團圓，文昌星和紅鸞吉星併臨，本月大利嫁娶。不過情緣運勢還是以男士們較為理想。職場事務女性馬人面對同性別的主管，請務必付出更多的耐心。本月財運佳，投資求財見好便收。健康星氣勢不佳，多休息有益健康。

## 九月 運勢（國曆10/8～11/7）

歲德吉星職事，再加上本命三合吉星照拂，理應吉利非常。只是由於「五鬼星」作祟，馬人們在幸運之際，切記勿欣喜過頭，避免招惹嫉妒。簽約文件宜仔細閱讀，邀請專家幫忙才不致觸犯官符星。歲德星照拂，職場努力容易獲得肯定。

## 十月 運勢（國曆11/8～12/6）

太歲職事，大好大壞之月，重要吉事稍安勿躁為宜。本月不利嫁娶。「月德吉星」照拂，家庭事務宜擇吉執行，搬家、入宅與修造之舉，皆宜順勢執行，購屋置產理想的時機點。邀請職場夥伴建立共識，這是大利營造向心力的月份。

## 十一月 運勢（國曆12/7～1/5）

本命對沖月，諸事不宜。自然也就不利嫁娶了。女性馬人宜謹慎

面對愛情事務，許多時候沒有答案是最好的答案，讓時間分擔風險。職場事務也是如此，震盪衝擊是為了迎接更好機會，輕言放棄等於逃兵。小人的聲音聽聽就好。

## 十二月 月運勢（國曆1/6～2/3）

本命三煞月，再加上「六害星」職月，上個月的謹慎與耐心，本月將平安無事。雖然如此，本月還是大利嫁娶，只因為還有許多吉星照拂。歲末年終，在檢視年度目標達成率的同時，也為明年做好準備，為鼠年沖太歲未雨綢繆。

# 啟動幸福流年
# 許什麼願結什麼果

流年是一面鏡子，會直接反映投入的物件。投射笑容，回應快樂。投射歡樂，回應幸福。因此對於羊族而言，這是面可以心想事成的魔鏡……。

## 流年運勢 ▶ ▶ ▶

照過鏡子嗎？照鏡子的主要目的是要整理自己，讓自己看起來更美好，或許也有人是為了找到自己的缺點而照鏡子。不論是哪一種目的，最終還是會得到誠實的回應。

對於羊族們而言，己亥豬年就是一面鏡子，一面可以心想事成的鏡子。想要幸運，羊族們可以投入幸運的元素；想要幸福、想要快樂、成就……，就投入鏡子需要的元素。由此可知，這面鏡子已經不是普通的鏡子，而是幸運製造機，就像許願池一般，想要得到什麼就自己製造。如此說來，己亥豬年是羊族們的幸運流年。

事實上，羊族們很需要這樣的提醒，因為如果沒有流年魔鏡的回

| 幸運顏色 | 幸運數字 | 吉利方位 |
|---|---|---|
| 粉綠、紅色<br>紫色、橘色 | 2、9、3、5<br>及其組合 | 正南方、西南方<br>正東方和東南方 |

應，羊族們不會知道原來自己是接受「歲德合吉星」照拂的幸運兒。也不會知道，原來「歲祿吉星」就在身邊，源源不斷地釋放吉利的能量。更不會察覺，原來「太歲三合星」的磁場在嘗試讓羊族們可以更優秀。最重要的是根本不會掌握住事業啟動的契機訊息（詳細部份，請閱讀「事業運勢」）。

由此可知，羊族們今年的幸運是可以塑造的，幸福是可以預約的……，就看羊族們用什麼樣的方式面對這個流年了。

「歲德合吉星」提供的是貴人磁場，因此廣結善緣的功課不能少，不過要記住「親兄弟，明算帳」的名言，以免壞了貴人磁場（理財部份，請閱讀「財利運勢」）。

「歲祿星」對於羊族們來說等於是太陽能，只要心中有太陽，「歲祿星」會源源不斷地提供旺盛而燦爛的能源。

就是這樣的流年，原料由自己提供，流年鏡子負責誠實回應。整體而言，羊族們是幸運的，因為可以製造屬於自己的幸運。要提醒的是羊族們可以多為健康提供良好的元素。

## 事業運勢 ▶ ▶ ▶

風來了，我將隨著風啟航！這是個起風的流年，羊族們宜揚起帆，讓流年的風為你服務。而這就是所謂的「借力使力」，接下來就是朝向目標航行了。

心中有一萬個美好的想法，不如一個實際的行動。邁出第一步要勇氣，但沒有第一步就沒有接下的第二、第三步。企業羊族們的事業要蛻變不容易，不掌握住機會蛻變，往後的市場競爭會變得更不容

易。因此鼓起勇氣，大改變就從小改變開始。

一般羊族們，驗證自己職場能量與價值，最好的策略就是打開可以讓市場找到你的大門，即便不想異動，也有必要確認自己有足夠的本事與條件隨時接受轉變。因此，學習成為了今年職場的另一門重要課題。

## 💰 財利運勢 ▶▶▶

朋友有通財之義！真的嗎？有人說在能力範圍內的通財，即便拿不回來也是衡量朋友的學費。

不論羊族們的看法如何，這是個宜謹慎理財的流年，因此在很可能有去無回的情況下，幫助朋友還是有必要量力而為。

就太歲磁場表現而言，今年財利氣勢並不弱，搭配好的策略，這一年有利可圖。投資買賣來說，好的策略就是買對標的，下對時間。金融內股是好標的，春天進場，夏天收成。

企業羊族利用既有資源投資未來多元產業，這是理想播種年。其餘羊族們依靠專家理財是聰慧好策略。對於正在尋覓好房的羊族們，則宜珍惜這得來不易的好運年，既存了錢，又有了幸福。

## 🔒 情緣運勢 ▶▶▶

心中有愛，人生無礙。此處說的愛，除了對於生活的熱情，當然也包括了情緣的愛。

對於女士們而言，這是個幸福的流年。正緣星磁場受到了鼓舞，除非本命有阻礙，否則這是個圓滿的一年。心中有期望，就該讓它實

現。否則多愛自己一點，享受另一種幸福。

男士們要避免招惹偏緣桃花，忠實是最好的策略。如果可以選擇，建議將焦點放在事業上，因為這是個辛苦有成的好流年。

把家庭氣氛經營好，整體運將隨之水漲船高，已有伴侶的羊族們，莫猶豫，水到渠成的時候到了。已婚的羊族們，宜布置幸福好宅，風水好全家人都會好，就從點燃客廳的「長明燈」開始。

**開運風水**

本命五行屬土的羊，喜歡火的相生和土的助益，紅色和黃色是吉利色系。方位則以正南、西南、東北為喜。

水氣旺盛的己亥豬年，羊族們需要的五行元素是火，因此紅色、紫色和橘色成為了流年好運色系。如果再搭配木的元素，則可化解太歲的水氣，又可生助羊族們的幸運火氣。好風水從穿著開始，因此衣服、配件皆可採取這樣的色系搭配。

在屋宅和辦公室的正南方擺放一盞「長明燈」，不但可化劫財為生財，同時也提升了流年幸運能量。在客廳或辦公室擺放木雕的駿馬，更有機會讓「歲祿星」長相左右，值得提醒的是馬頭務必向外。

流年貴人方位：正南方、西南方、正東方和東北方。
流年貴人生肖：馬、蛇、兔子、老虎、羊。

# 羊兒各年次流年運勢

## 1991年的羊（民國80年，辛未年，29歲）

這是個值得走出去的流年。因為太歲星提供了機會，同時也成為羊族們的靠山，進可攻退可守，就是這樣的流年條件。

要提醒的是由於「眼高手低」的氣息十分濃厚，務實成為必須的思維基準，一步一腳印，理想有機會逐步獲得實現。

持盈保泰是流年贏家思維與策略，不貪不懼，雖然檢視籌碼，老本保住了，該冒險的時候就別猶豫。

## 1979年的羊（民國68年，己未年，41歲）

人脈磁場明顯，大利廣結善緣，積極營造人脈籌碼，用合作代替競爭，羊族們將會成為真正的贏家。

然而，錢財方面的管理就需要多用心了，只因為「劫財星」也同步明顯。化解的方式雖然是謹慎理財，不過只要遵循共同制定的遊戲規則，按照系統行事，反而有機會化劫財為生財。

男士們要留意情感的管理，不適宜的對象別浪費生命。女士們的正緣可期，只是宜提防別誤闖禁區。

## 1967年的羊（民國56年，丁未年，53歲）

「一步到位」可以是一種期望，卻不適合當成策略。因為這一年的成就需要規劃與節奏，唯有務實的思維，才有機會營造紮實而永續的事業基底。

由於「官符星」氣勢明顯，簽約用印宜謹慎，預防重於治療，委請專家輔佐為宜。另外，不宜輕易釋放承諾，一旦承諾了就該實現，因為太歲星在放大檢視。

女士們的情緣運勢頗佳，太歲正緣代表的是美滿可期。

## 1955年的羊（民國44年，乙未年，65歲）

這是個幸福的流年。羊族們宜掌握住此12年出現一次的幸福能量，讓家庭更美滿，讓身體更健康，讓心境更充實。

雖然事業的氣息相對較弱，不過穩健的磁場卻透露出不宜衝過頭的訊息，因此保守不是壞事，因為可以規避不少的風險，畢竟這一年並不適合衝刺。新事業或轉變型態多觀察，慢一點再行動。

安排時間到國外走走，到海外吸收磁場，視野寬了，心情開了，心願順了。

## 1943年的羊（民國32年，癸未年，77歲）

活到老學到老。唯一沒有年齡限制的活動就是學習，因此也有人說「學到老活到老」，尤其是今年可以讓自己充滿生命力的就是學習了。

由於人脈磁場十分活躍，學習就從群體活動開始，集體學習一起享受歡樂，分享快樂也接收愉悅，這是個充滿動感的流年。

雖然榮耀依舊存在，因此事業機會也長青翠綠，不過分享與傳授遠比獨享來得更榮耀。

# 羊兒流月運勢

宜謹慎面對的月份：一月、三月、九月、十一月、十二月

## 正月 運勢（國曆2/4～3/5）

　　新春之月，喜悅充滿，再加上「歲合星」照拂，這是個年度大計畫的啟動日。「龍德吉星」職事的本月，除了拜年同時有必要前往廟宇拜拜祈福，為自己的事業「安太歲」，讓事業貴人如太歲星時時照拂。本月不利嫁娶。

## 二月 運勢（國曆3/6～4/4）

　　三合之月，諸事皆宜。「將星」照拂的本月，福星高照，事業機會活躍，遇到了別忙著拒絕，以免回絕了「無心插柳」的契機。女士們的情緣需要多一些心思，提防「偏緣星」攬局。本月聚焦事業，有機會旺個一整年。

## 三月 運勢（國曆4/5～5/5）

　　諸多吉星照拂的本月，按理說應該是吉利非常。福德、福星、天德等三大吉星照拂，值得珍惜，卻也需要善用好磁場經營好運勢。流月磁場中出現了一股不協調的能量，人脈管理需要耐心，愉悅與讚美永遠管用。健康星磁場不佳，別累過頭了。

## 四月 運勢（國曆5/6～6/5）

歲破之月，理應諸事不宜。對於羊族們而言，卻是陽光普照的「譯碼月」，再加上「歲德合吉星」照拂，這是個值得執行大行動的月份，就從春天的回顧開始。今年夏天是羊族們的好季節，整理好再出發，迎向陽光，迎接好磁場。

## 五月 運勢（國曆6/6～7/6）

六合之月，再加上「歲祿星」加持，本月延續上個月的好磁場，事業有望再創高峰。不過在忙著投入事業的同時，也需要照顧健康，別讓「病符星」得逞。安排健康檢查，而捐血也是化解之道。本月大利嫁娶，卻需謹慎面對愛情。

## 六月 運勢（國曆7/7～8/7）

本命之月，即便是太歲三合月，也還是謹慎為宜。這是一種力量的重疊，這個月最忌諱的就是事務和話語的重複，別讓自己和旁人心煩。本月不利嫁娶。合作機會值得掌握，卻也需要多觀察，因此稍安勿躁為宜。

## 七月 運勢（國曆8/8～9/7）

傳統七月，不免還是要拾起敬畏的心。雖然出現「紅鸞星」身影，不過本月依舊不利嫁娶。「歲害星」在影響大環境，而羊族們的「財源星」卻十分活躍，投資求財有利可圖，宜逢低進場。男士們需

要提防「偏緣星」影響愛情。

### 八月 運勢（國曆9/8～10/7）

月圓之月，圓滿吉祥。人脈磁場十分豐沛，中秋祝福禮多人不怪。「文昌星」如圓月般明亮，再加上「偏財源吉星」同步氣盛，行商買賣和業務行銷值得努力，因為有利可圖。本月別忘了祭拜「龍德吉星」，好運旺到明年。

### 九月 運勢（國曆10/8～11/7）

本命三煞月，再加上「歲煞星」職月，這是今年最需要謹慎面對的月份。幸運的是「歲德吉星」高掛，因此在不協調中還是看到了事業的曙光，就從虛心學習的態度開始。嫁娶之事，建議避開本月，畢竟這是一輩子的幸福。

### 十月 運勢（國曆11/8～12/6）

太歲月，同時也是本命「三合」月。協調與順遂是本月磁場的絕佳形容，事業磁場同步活絡，機會不分大小都值得掌握。投資求財，見好便收。有意購屋置產的羊族值得進場，吉屋可得。男士們宜謹慎面對情愛事務，女士相對吉利。

### 十一月 運勢（國曆12/7～1/5）

本命「六害星」職事的本月，需要謹慎面對的是「人」的互動。

低調再低調，只為了要迴避「小人」的能量。循序漸進，「按部就班」是執行事務的必須，唯有步步為營，才可避免功虧一簣。桃花併正緣，本月大利嫁娶。

##  十二月 運勢（國曆1/6～2/3）

本命六沖月，諸事不宜。本月不利嫁娶。年終歲末，六沖之氣並不會引動負面能量，反而容易沖掉一整年的晦氣，因此在準備過年的同時，也開始為「六害老鼠年」做好規劃。未雨綢繆，只為規避風險，提升運勢好能量。

# 瞄準目標大膽嘗試
# 承接不可能任務

機會是留給準備好的人，的確如此。不過，如果還未準備好而機會出現了，也就是幸運之神找上門來，猴子們會因為還沒準備好而拒之於門外嗎？

## 流年運勢 ▶▶▶

　　去年猴子們是狗年太歲星的桃花星，因此大部分的猴子過得十分忙碌而有意義，而今年豬年太歲星成為了猴子們的桃花星，代表猴子們會更加忙碌，當然也會更加有意思。這一年，猴子們就像獲得了一張畫紙，一套彩繪工具，任由猴子們在畫紙上盡情發揮表現才華，因此己亥豬年即便不一定是長袖善舞，也會是逍遙自在。

　　然而，相信有人會拒絕接受此種突如其來的「機會」，原因是不擅長，不懂作畫的訣竅和技術。但這是個稍縱即逝的機會，一旦害怕了，機會便流失了。猴子們值得仔細想想，提供機會的幸運之神或是貴人都不怕了，猴子們還怕些什麼？換言之，這是個值得大膽嘗試承

| 幸運顏色 | 幸運數字 | 吉利方位 |
| --- | --- | --- |
| 粉綠、紅色<br>黃色 | 9、4、3、2<br>及其組合 | 西南方、正東方<br>東南方和正南方 |

接不可能任務的流年，只因為「文昌星」伴隨著太歲的氣勢，以及「目標星」同步明顯的狀態，就好像有了箭靶，也獲得了弓與箭，猴子們儘管瞄準目標滿弓放箭即可。這一年，猴子們有足夠的優勢，放鬆心情，做了再說。

不過，還是要提醒的是對於人際關係的互動與經營可就不是如此了。除了謹慎外，將會需要更多的誠懇，以免貴人搞得變小人，小人像仇人。只因為「太歲六害星」作祟，由於這顆「六害星」和言語表達有關，所以謹言慎行很重要，對於向來心直口快的猴子而言，恐怕有必要練就三思而後言的修為。或許正因為如此，在流年神煞中同時也出現了「官符星」的身影，代表的是口舌是非，然而如果善用肯定與讚美，猴子們在發揮才華的時候應該會自在一些。

值得提醒的是「健康星」磁場不佳，養生課題不可少，多休息與補充營養，以免過度操勞得不償失。

## 💼 事業運勢 ▶▶▶

這是個無限可能的世界，每天都有「新玩意」出現，新點子所創造了新商機，策略對了，新事業出現了。

對於猴子而言，這是個充滿機會的流年，許多猴人選擇在這一年進行新事業出發，也有人轉變事業性質或跑道，企業猴人也有機會讓企業以多元的方式轉變，更有人投資自己學習更多的技術，這是個充滿機會的流年。

有機會就該掌握住，先求有再求好，能力是逼出來的，因此給自己挑戰的機會，人生的躍進就是這樣發生的。更何況己亥豬年的努力，將會在明年（2020庚子老鼠年）發酵。

一般猴人最為理想的開運策略就是學習和拿取證照，投資自己練習第二或第三專長，以及組織團隊，擁有個系統文化嚴謹的團隊，事業生命的長度和寬度都有機會獲得提升。

## 💰 財利運勢 ▶▶▶

　　馬無野草不肥，人無偏財不富！什麼是偏財？偏財就是「非薪資財」，而「薪資財」就是正財。現實生活中因為領取「正財」而發財致富的案例恐怕是絕無僅有。

　　2019己亥豬年的猴子是值得恭喜的，因為流年偏財運勢格外旺盛，因此賺錢的機會和點子也將會特別活絡。有道是「你不理財，財不理你」，因此猴子們一定要掌握住機會好好地理財，也就是說光有點子是不行的，還得需要策略和目標。

　　企業猴子宜設妥年度目標和步驟，學會引導市場，而不是追隨市場。一般猴子們，儲蓄不會是理財好策略，而是學習投資為錢財找個槓桿支點，讓「流年偏財星」得到真正發揮神力的機會。整體而言，春天財氣最旺，夏季收成，秋冬布局，以高配息概念標的為佳。

## 🔒 情緣運勢 ▶▶▶

　　心在哪裡，世界就在哪裡！「太歲桃花星」上身的今年，活潑的思維容易出現在生活與工作上。「桃花星」的正向能量代表的是「人緣」，因此也代表「財源」，因此如果專注在事業上，那就是業績長紅，收入豐沛。

　　不過，「桃花星」同時也具有男女情緣的能量，又和男士們的

「偏緣星」扯上關係的時候，恐怕就需要將心思專注在事業上了。男士們一定要相信，一心真的無法二用的。

由於「情緣星」磁場並不理想，女士們有很大的機會與精力，讓事業與財富進行翻轉式的變化。

已有伴侶的女猴人，宜多關心另一半的健康，就從降低壓力開始。小孩也需要多費心，因為這是大好大壞的流年。

**開運風水**

猴子本命五行屬金，方位在西南方，有利的五行元素土和金，理想的方位「座西南，朝東北」和「座西朝東」，以及「座西北，朝東南」。

2019年己亥豬年水氣旺盛，讓猴子們有機會文采飛揚，不過穩健磁場不佳，因此容易形成「動有餘，靜不足」的窘況，於是「土星」成為了流年最需要的開運元素。再搭配木、火的能量，則這一年豈只是逍遙自在而已。

大自然的礦石是最理想的開運聖品，也是同時具有土、金元素的物件，在屋宅的西南方擺放「樹化玉」「白水晶」或「透石膏」，不但可旺元神，同時還化解了流年「五黃煞」的厄勢力。

**流年貴人方位：西南方、正東方、東南方和正南方。**
**流年貴人生肖：馬、老鼠、龍、雞。**

# 猴兒各年次流年運勢

## 1992年的猴（民國81年，壬申年，28歲）

年輕就是本錢，這是最常聽到的話語，也是人們共同的經驗。也有人說「年輕有本錢犯錯」，這句話的本意應該在於「年輕有很大的學習和嘗試的時間和空間」，而這樣的概念也正巧是己亥豬年年輕猴人的流年運勢寫照。

「太歲文昌星」和「福祿星」交織的結果，猴人擁有十分寬廣而活躍的揮灑空間。這一年，猴人可以「心動就馬上行動」，也可以「放膽接受挑戰」，而所有的經歷都將成為生命經驗值。不過對於很有想法的年輕猴人來說，在勇敢的同時，搭配了完備的計畫和團隊，有機會將經驗值直接轉為成功的基石。而這個時候，愛情不會是必須選項。

## 1980年的猴（民國69年，庚申年，40歲）

不入虎穴，焉得虎子！機會是掌握住之後的「有何不可」。

如果經過了最壞的評估，最糟糕的結果是可以接受的，那麼就沒有什麼猶豫的理由，Just do it！別辜負的太歲星的美意。然而還是要叮嚀的就是「最壞的評估」與「最完備的計畫」缺之不得。職場的轉變是如此，企業家的事業轉型更是如此。

「家」很重要，即便單身也要布置個溫馨的家。愛情則需要謹慎，因為「偏緣星」氣勢明顯。

## 1968年的猴（民國57年，戊申年，52歲）

「偏財祿星」值年，這是個偏財氣息旺盛的流年，因此有機會發財致富。然而過度專注賺錢，恐怕會影響幸福指數。

事實上，這是個大利構築「被動收入」的流年，首先買間自住房，這是將錢留下來的理想策略。其次是尋找轉投資機會，方法和策略則委託理財專家。而持續收獲版權的文化創作、寫作，也是猴人文昌星強項的部份。要提醒的是，謹慎理財，決不借貸；以及男士們要謹慎面對情緣事務。

## 1956年的猴（民國45年，丙申年，64歲）

這是個名大於利的流年。為了避免賺到了面子，卻少了裡子，必須搭配幾個策略。

首先學會借力使力，也就是儲備合作的貴人，其次就是人脈和團隊，單打獨鬥不如團隊合作。借助大自然的能量，布置溫暖的家和名利雙收的理想風水磁場，辦公室也是如此。健康方面需要多用心，規律的作息與飲食十分重要。

女士們的「正緣星」氣勢雖佳，還是要多愛自己一點。

## 1944年的猴（民國33年，甲申年，76歲）

福氣滿滿是今年的流年運勢寫照。德高望重在這一年不只是封號，而是實質的尊榮，代表事業影響力毋庸置疑，一般猴人也容易得到自我肯定的信心。不過有了福氣，財氣就不一定同步了，而這樣才會是真正的享清福。投資方面，最好以守代攻，亦即設妥目標與區間，該買該賣確實執行，讓專家幫忙更為理想。

男士們有必要關心老伴的健康，安排健康檢查是必要之舉。

# 猴兒流月運勢

**宜謹慎面對的月份：正月、三月、六月、七月、九月、十二月**

### 正月 運勢（國曆2/4～3/4）

雖然是「六沖」之月，自然是諸事不宜了，不過由於新春期間，猴子們還是可以到廟宇或教堂祈福，不論是否「犯太歲」，為自己這一年的悠然自得安個太歲吧！本月不宜嫁娶，同時也宜留意交通安全事務。出遠門宜做好行前準備。

### 二月 運勢（國曆3/5～4/3）

好運磁場啟動了！諸多吉星照拂，再加上「福祿星」氣息最為明顯，本月大利事業出發或重要抉擇的定奪。男士們的情緣運勢頗佳，單身適婚宜積極參與聚會；女士們就要謹慎面對了。本月財利運勢亦佳，投資求財見好便收。

### 三月 運勢（國曆4/4～5/4）

三合之月，諸事皆宜。家庭磁場格外順暢，大利搬家、入宅、修造和購屋置產之舉，整理清掃一番亦有助於開運。值得提醒的是這是個容易遭到誤解「本位主義」的月份，因此釋放熱情與關懷十分重要。另外宜避免危險運動。

## 四月 運勢 （國曆5/5～6/4）

　　本命六合之月，理應諸事皆宜，無耐正逢「歲破」，對外的互動事務還是謹慎為宜。這個時候最好的策略，就是做好自己，外在環境磁場的影響就不大了。事業和家庭磁場都理想，異動的事務無須過於忌諱。女士們的愛情運亦佳。

## 五月 運勢 （國曆6/5～7/5）

　　歲祿星職事之月，同時也是猴子們的官祿星主事的月份，事業幸運指數容易獲得提升，因此該執行的事務儘管執行。「偏緣星」氣勢明顯，女士們宜謹慎面對愛情事務。合作案件的洽商與簽署，稍安勿躁為宜，以免遇人不淑。

## 六月 運勢 （國曆7/6～8/6）

　　本命「三煞星」主事之月，諸事不宜。本月不利嫁娶。雖然許多時候的溝通最好是直接的，不過對於猴子而言，此月的重要溝通以討論的模式進行為佳。劫財星氣勢明顯，謹慎理財是必要的，大筆金額的支付，多斟酌評估再說。

## 七月 運勢 （國曆8/7～9/6）

　　傳統的七月，敏感的時段，早已被扣上了諸事不宜的帽子。雖然未必如此，不過對於猴子而言，的確是如此。事業的出發與開張、入宅、異動……都是大忌，合作事務也是事緩則圓，因為「五鬼小人

星」作祟。本月不利嫁娶。

### 八月 運勢（國曆9/7～10/7）

月圓人團圓，這是個圓滿的月份。本月大利嫁娶。由於貴人星磁場明顯，廣結善緣成為了理想的開運策略。本命桃花星盛開，再加上「太陽星」高掛，職場運作宜積極主動。情緣運勢並不理想，宜謹慎提防「偏緣桃花星」的干擾。

### 九月 運勢（國曆10/8～11/6）

「歲煞星」職事，諸事不宜。本月不宜弔唁與探病。挽起袖子，捐血一袋，救人一命，也達到了一紅化九災的目的。事業部份宜收斂檢視，重新整理後準備迎接超旺的2020鼠年。財運也是如此。健康星微恙，留意氣候變化。

### 十月 運勢（國曆11/7～12/6）

這是尷尬的月份。文昌星帶來了機會和人緣，展現才華的舞台也出現了，不過緊要關頭卻總是卡卡的，原來「六害星」暗中使勁。因此這是個最需要團隊合作和依照計畫行事的時段。男士們情緣運也是尷尬，如何選擇是重要課題。

### 十一月 運勢（國曆12/7～1/4）

三合將星之月，諸事皆宜。這是個值得用心觀察的月份，因為此

月的大部分現象與明年的鼠年運勢雷同，因此想要讓鼠年轉大運，就從好好經營十一月（子月）開始。檢視年度目標，只做不說。女士們宜關心另一半的健康。

## 十二月 運勢（國曆1/5～2/3）

雖有「月德吉星」的照拂，不過本月依舊不利嫁娶。歲末年終，所有的事務都在收斂中，重要抉擇明年再說，這是檢視與準備的時刻。健康星磁場也出現淤滯，最好的養生就是有氧運動。女士們需要細心面對愛情和健康事務。

# 用行動掌握住機會
# 才華將換回銀子

無心插柳柳成蔭。是一種幸運的意境，應該也是一種不小心，而且是由小確幸變成大確幸的不小心。今年的流年磁場已提供了此種條件，就看雞族們如何實現了……。

## 流年運勢 ▶ ▶ ▶

有人說「有錢就是任性」，對於己亥豬年的雞族們而言，應該說「好運就是任性」。

曾聽過成功人士這麼說：「我也不知道，就是掌握住機會傻傻地做，然後就變有錢了！」也許是他們客氣了，不過對於雞族們而言，今年的「好運勢」如果運作得恰當，年底回顧的時候應該也會說類似的話。然而，與其說這一年雞族們的運氣特別好，不如說雞族們懂得用行動掌握住機會，抓住每一個可以展現才華的機會。

「願有多大，力就有多強」，對於今年的雞族們來說，這不再是鼓勵的話語，而是實實在在的寫照，直白地說也就是「心想事成」。只因為己亥豬年「太歲星」扮演的是支持雞族們的貴人，有了這麼偉

| 幸運顏色 | 幸運數字 | 吉利方位 |
|---|---|---|
| 粉綠、紅色<br>黃色、白色 | 8、9、3、4<br>及其組合 | 正東方、正南方<br>東北方 |

大的靠山，雞族們是該把願許大一些。

就傳統的角度來說，雞族們是今年「太歲星」的「文昌星」代表，而就現實生活中的說法，那就是相當於發言人、秘書長或執行長的職務，負責傳達並執行「太歲星」的磁場能量，同時也因而實現了自己的理想，豐富了自己的生命舞台。

不過還是要提醒的是，即便有了「太歲星」的背書，如果可以設妥年度目標，再藉著「太歲星」的支持而努力達標，則既不辜負「太歲星」的貴助，也不會浪費「太歲星」的正能量。而這個目標，可以是向「太歲星」大膽許願，更可以是自我期許的力量展現，而最好的策略是將目標數據化，例如收入要以多少比率的成長、事業要到達什麼位置、要增加幾個客戶、購買多少坪的房子……。

另外，雞族們的「才華星」也在今年獲得釋放，這是個有機會將才華換回銀子的流年，也就是所謂的「辛苦有成」。

## 🧳 事業運勢 ▶ ▶ ▶

創業星和驛馬星併臨的今年，將會是行動力超強的一年。換言之，在這「動有餘，靜不足」的流年中，事業異動的機率極大。再從雞族們的流年運勢具有「無心插柳柳成蔭」的特質角度看來，這是個值得為自己的理想找到落實機會的一年。

只不過需要提醒的是，還是不宜將所有的雞蛋放在一個籃子裡，只因為「行動力」還是要「執行力」來配合，如此才有機會造就一遍柳樹林，讓每一個行動都可以實實在在地開花結果，而不只是好運氣的寫照。

企業雞族們適宜積極開拓海外市場。其餘雞族們也有必要安排學

習機會，提升職場競爭力與執行力。而且現在的人只有一兩把刷子是不夠的。

## 財利運勢 ▶▶▶

財源吉星主事的今年，按理說這將會是個「財源廣進」的流年。

再加上「太歲星」的助益，投資求財的勇氣似乎獲得了釋放，對於金錢的嗅覺也格外敏銳，因此賺錢的企圖心與動力也將十分旺盛。此種衝動式的能量，容易讓雞族們容易興起創業的念頭，而且也會付諸於行動。

不過可惜的是即便金錢星氣勢受到鼓舞，還是容易因為「財庫星」磁場不佳，而經過辛苦之後，發覺並沒有把錢財留住。因此在實現理想的同時，恐怕需要妥善管理錢財。於是，儲蓄概念股成為了好標的，而購買好房子，更是旺財庫的好策略。整體財運以春天為旺，夏季有成，秋冬保守為宜。

## 情緣運勢 ▶▶▶

氣場活潑的今年，思緒活絡因而情緒管理也將同步優質，這是個人際關係磁場十分健朗的流年，因此廣結善緣成為了這一年營造更好運勢的佳策良方。

此種活絡的思維和情緒管理，也容易給人一種幽默和風趣的感覺，而這種感覺就是所謂的「人緣桃花」，同樣地也容易成為引動異性好感的「情緣桃花」。

只是要提醒的是，由於「偏緣星」磁場特強，因此這種「桃花」

最好僅只於「人緣」，若和「情緣」劃上等號就不好玩了。

這是個大利成家立業之年，臨門一腳的雞族們宜掌握住機會步入家庭。已有伴侶者，更應將家布置得更溫馨。至於單身適婚者，則還是將生活焦點放在事業上為宜。

雞族們的本命五行屬金，方位在正西方，生助的五行是土和金，顏色是黃色、白色、金色和銀色系列。

己亥豬年水氣很強，所以最理想的五行是木，而理想的風水布局是在屋宅或辦公室的正東方和東南方位置擺放綠色闊葉盆栽，提升方位磁場，既旺財氣又添貴氣。

同時也宜擺放馬的造型雕飾，材質以木為上，綠色水晶亦佳，例如孔雀石、螢石和樹化玉。需要提醒的是馬的雕飾與圖畫，馬頭務必向外，以便旺功名利祿。

另外，在正東方和東南方擺放內至陰陽水和綠色植物（黃金葛）的圓形魚缸，具有提升貴人運勢的神效。

**流年貴人方位：正東方、正南方、東北方。**
**流年貴人生肖：老虎、雞、猴子、馬。**

# 雞兒各年次流年運勢

## 1993年的雞 （民國82年，癸酉年，27歲）

「只有擁抱困難的時候，才會真正認識自己。」戴高樂這麼說。引述這句話不代表雞族們會遇到困難，而是應該迎向挑戰，突破自我。因為這是個最典型的「異路功名」創造年，即便突發奇想也容易獲得結果。

愛情不需要成為唯一的選項，卻容易成為流年的挑戰項目之一。因此不妨將焦點放在事業上為佳。

賺錢不容易，存錢更不容易，因此謹慎理財是必要的認知。

## 1981年的雞 （民國70年，辛酉年，39歲）

真正「無心插柳柳成蔭」的生肖，這一年你最好運。而也因為整體磁場處於極度正面狀態，反而需要提防「理所當然」的思維，因為「無心」會影響好運的關鍵。

事業有機會出發或延伸性發展，不過如果多了計劃性的節奏，則成功機率步伐會更穩健。職場轉變亦可；只是過於率性容易將格局做小了。

財運佳，投資求財有利可圖，商務買賣和業務行銷值得努力。

## 1969年的雞 （民國58年，己酉年，51歲）

謹慎理財並不代表雞族們不善理財，而是不善於拒絕。流年劫財星氣勢明顯，即便雞族們生財有道，也有必要謹慎面對合夥投資事

宜，以及親友們的借貸。

　　事業合作的機會頗多，不過遊戲規則的訂定十分重要。企業雞族們有必要專注在產品或服務的獨特性，與其救助別人，不如自己開發技術。其餘雞族們職場的異動不受到鼓勵，不過自我多元性的學習與發展卻十分贊成。男士們宜提防男女桃花的紛擾。

## 1957年的雞（民國46年，丁酉年，63歲）

　　智慧星氣勢活絡的今年，代表「機會星」也同步氣盛，這是個充滿陽光的流年，因為雞族們的樂觀特質容易獲得展現，而也有機會深入瞭解市場脈動，更有機會創造財富榮景。

　　企業雞族們，觸角的延伸和多元發展值得加把勁，畢竟如此有利的流年60年才出現一次。其餘雞族們，不妨培養學習的習慣，多玩、多學習，很可能玩出新名堂來。

　　女士們的幫夫運頗旺，另一半的流年運勢十分理想。

## 1945年的雞（民國34年，乙酉年，75歲）

　　家是最幸福、最安全的地方，把家中的布局重新調整一番，風水氣場理想，舒適與文化兼顧，雞族們的幸福可望以更溫暖恬適的方式提升。

　　健康是一切，因此值得多費心思。除了規律的作息與飲食外，人際關係的互動也十分重要，亦即老朋友愈多愈有益健康。

　　錢財宜妥善管理，老本顧得好，後續幸福沒煩惱。投資求財宜以通路和通信概念股為佳。

# 雞兒流月運勢

宜謹慎面對的月份：二月、三月、八月、九月

### 正月 運勢（國曆2/4～3/4）

歲合之月，諸事皆宜。本月大利嫁娶。由於「財富星」與「事業星」併臨，因此這是個「名利雙收」的月份。此刻值得為一年的大計畫設目標，啟動一整年的好運氣。安太歲，因為太歲是雞族們的「機會星」。記得多拜年，你會紅。

### 二月 運勢（國曆3/5～4/3）

六沖之月，諸事不宜。本月不利嫁娶。雖然是「太歲三合月」，而外在的世界也十分亮麗，由於雞族們的磁場失序，因此有必要調整好自己的步伐和價值觀，方有利承接世界的亮麗與事業機會。此月宜謹慎理財，多給自己三分鐘就對了！

### 三月 運勢（國曆4/4～5/4）

本命三煞月，諸事不宜。本月不利嫁娶。有意思的是，本命「六合星」也同時照拂，因此這是個容易陷入矛盾情節的月份。按部就班，步步為營，有機會逐步邁向目標。此月雖不宜搬家，不過適宜調整住宅布局，以便迎接更多的好運氣。

### 四月 運勢（國曆5/5～6/4）

歲破之月，按理說應該是諸事不宜。不過由於「本命三合吉星」照拂，對於雞族們而言這是個吉利的月份。連續兩個月的調整步伐，本月可望承接機會。「家」的磁場頗佳，家庭事務或購屋置產值得努力執行。女性情緣運勢佳。

### 五月 運勢（國曆6/5～7/5）

「歲祿星」職事，再加上「福星」高照，這是個吉利的月份。人際關係磁場活絡，人緣磁場亦優，廣結善緣之舉有利事業發展。因此合作是理想的策略，珍惜不起眼的機會。女士們宜謹慎面對情愛事務。男士們珍惜你的愛。

### 六月 運勢（國曆7/6～8/6）

人是最難搞的動物，有此一說。如果雞族們也有這樣的感覺，那麼這是個最理想的經營人際關係月。就從面帶笑容開始，因為貴人就在身邊。適切地說，這是延續上月好運磁場的月份。事業可望持續轉好，唯愛情還是宜謹慎面對。

### 七月 運勢（國曆8/7～9/6）

傳統七月，總是有許多的禁忌需要提醒，重要吉事稍安勿躁為宜。人際關係磁場依舊理想，只是謹言慎行卻需要再強化，只為了避免犯「官符星」。另外「健康星」氣勢不佳，宜留意養生事宜。事業

有合作出發的機會，值得計畫。

## 八月 運勢 （國曆9/7～10/7）

中秋月圓的季節，「將星」職事，值得為事業打拼，就從中秋送禮與祝福開始。只是本命之月，需要學習放下，放下自我執著，尊重不一樣的聲音，你會紅！本月不利嫁娶。上月的合作磁場，本月繼續發酵，尊重夥伴和突發奇想。

## 九月 運勢 （國曆10/8～11/6）

「歲煞星」職事之月，再加上「六害星」的出現，重要吉事避之為宜。本月不利嫁娶。謹言慎行是本月務必時時提醒自己的座右銘。另外，也需要謹慎理財，重大投資與抉擇事緩則圓。男士們對於豔福宜敬而遠之。女士們宜珍惜好緣份。

## 十月 運勢 （國曆11/7～12/6）

太歲之月，大好大壞。一般人會選擇謹慎，甚至於諸事不宜。對於雞族們而言，卻是理想的行動月，只因為「驛馬星」已經發動。「財源吉星」氣勢旺，本月財利運勢佳，投資買賣和業務行銷值得努力。男士們宜珍惜情緣機會。

## 十一月 運勢 （國曆12/7～1/4）

文昌星職事的月份，人緣磁場佳，而機會磁場也十分活絡，本月

不要吝嗇付出。雖然「五鬼小人星」氣盛，主動釋放善意和援手，有機會化小人為貴人。外在環境十分不理想，雞族們唯有從強大自己開始，才有機會承接財富契機。

## 十二月 運勢（國曆1/5～2/3）

　　本命三合月，諸事皆宜。本月有利嫁娶。只是需要提醒的是，由於整體磁場比較傾向於沈寂，因此適宜檢視與回顧，讓明年更美好，行動目標更明確。重要的事務抉擇與行動，明年再說。值得一提的是，明年依舊是雞族好運年。做好準備吧！

# 安太歲化煞為權
# 突破流年瓶頸

卸下「太歲」光環，也解脫「犯太歲」的壓力，對於狗族們而言，這應該就是典型的開運了！事實上，就像從要職下來容易感到落寞一樣，狗族們的豬年反而需要更多的趨吉避凶……。

## 流年運勢 ▶ ▶ ▶

狗族們一定會這麼想，去年是「犯太歲」的狗年，事事不可為，總是被提醒「謹言慎行」，那麼今年進入己亥豬年總算可以擺脫這些傳統的緊箍咒了吧！

理論上的確如此！不過，事實上進入豬年的狗族們反而需要更多的趨吉避凶，原因是流年氣勢進入「病符星」的領域。傳統的認知上，會將「病符星」和健康連結在一起，然而這不會是最需要提醒的部份，反而是「有氣無力」或「心有餘力不足」的無奈感，才是真正需要得到正視的環節。

這是太歲五行結構出現落差的變化使然，從狗年的本命土氣，突

| 幸運顏色 | 幸運數字 | 吉利方位 |
| --- | --- | --- |
| 芥末綠、紅色 葡萄紫 | 2、9、3、0 及其組合 | 東方、南方 西南方 |

然轉變到豬年的水氣，狗族們容易遭到「失落感」的突襲，再加上豬年的太歲五行十分不協調，因此這一年的趨吉避凶功課恐怕要比「犯太歲」的去年更周全。

趨吉避凶的第一個動作就是「安太歲」，雖然不「犯太歲」，也需要「安太歲」，因為這是尋找安全感的最佳途徑。安了太歲，既可化解「病符星」厄勢力，同時也讓「歲煞星」有機會化煞為權，做為突破流年瓶頸的能量。

其次放下得失心。這是一種無形的不安，說不上來就是覺得怪怪的，而最理想的策略在於回歸現實面的計畫，設妥今年的目標以及節奏與時間流，因為最好的開運策略還是現實生活中明確的視野。

「歲煞星」是狗族們需要面對的流年神煞，此顆匯聚了四面八方晦氣的星曜，所述說的就是眾多的考驗。由於「歲煞星」屬土，因此理想的化解元素是「金」，對於狗族們而言，所代表的就是學習與行動。並且是多元的學習，因為在現今社會一把刷子已經不夠用了，尋找第二、第三把刷子，讓豬年轉危為安，讓接下來的老鼠（2020）具有向上大躍升的能量。

## 💼 事業運勢 ▶▶▶

心急喝不著熱粥！著急也成不了大事。這是個動盪的流年，雖然機會就在眼前，就像滿天金星一般，如果缺乏整體性的計畫與節奏，這些機會也只不過是機會罷了！

有道是「正確的選擇，勝過於努力。」因此明確的方向與目標，確實明白自己要做什麼，又清楚為什麼要做，則流年的動盪與無奈感將會消逝。換言之，這不會是個適合積極轉變職場的流年。

　　企業家有必要重新整理公司營運目標，畫一張企業地圖，描述未來10年的規模。

　　其餘狗族們，則建議考取證照或選擇具有前瞻性的工作和公司。在住家和辦公室西北方擺放玉兔獻瑞擺件，或隨身攜帶玉兔珮飾，讓「太歲將星」加持事業。

## 💰 財利運勢 ▶ ▶ ▶

　　沒有任何人喜歡當過路財神，不過當時空背景不對的時候，如果沒有相對應的認知和策略，就很可能被動成為過路財神。對於狗族而言，這是個需要謹慎理財的流年。只因為「劫財星」氣勢明顯，並且把持住「正財祿」。雖然如此，狗族們還是有機會執行轉化策略，讓「劫財星」轉變成為「生財星」。

　　企業家宜將經營焦點落實在品牌上，建構吸引人才的分潤或獎勵制度，這是短空長多的佳策良方。其餘狗族們則宜放下得失心，不是所有的事情有回收才執行，投資自己才是最好的投資。股市投資宜以成長型標的為主，設妥買賣點與理由，時間到執行就對了。

## 🔒 情緣運勢 ▶ ▶ ▶

　　我今年會邂逅什麼樣的愛情呢？單身適婚狗族們一定會很好奇。

　　我今年終於可以擺脫「太歲」陰影，步上紅毯，接受祝福了。

　　這是個可以接受祝福的流年。尤其是女性狗族們由於「正緣星」受到了「太歲星」的引動，主動出擊有機會讓幸福水到渠成。然而還是要提醒的是，對於初識的對象就需要多一些瞭解了，為的是避免陷

入別人的愛情故事中。

　　處於臨門一腳的男士們當然可以圓滿幸福，至於愛情長跑的男士恐怕就要多上心了，只因為競爭者虎視眈眈。對於不急於一時的男士們，則建議不妨將流年焦點放在事業上，因為事業有成，顏如玉有機會隨之出現。

## 開運風水

　　狗族們的五行屬土，此種穩定與忠誠的元素是先天優勢，也是今年最需要維持的部份。

　　己亥豬年的水星十分強勢，對於狗族們而言是一種動盪與不安，因此需要木星與火星的搭配，讓整體流年五行進入順暢狀態。如此一來，包括家庭、健康、事業和財運的整體運勢都有機會獲得穩定性的發展。

　　在屋宅和辦公室的西北方，用紅色布局或擺放紅色飾品、地毯，更可點一盞「貴人燈」，具有提升運氣，催貴發富的作用。另外，開運密碼是「歲合星」（詳細請參考「風水造吉篇」）。

**吉利方位：**東方、南方、西南方。
**貴人生肖：**老虎、馬、兔子。

# 狗兒各年次流年運勢

## 1994年的狗（民國83年，甲戌年，26歲）

進可攻，退可守；這種游刃有餘的境界應該是年輕狗族們的期望，而今年也是最容易達到的意境。

「歲德吉星」的照拂，再加上「福祿星」的護持，狗族們只要多付出一些心力，展現主動出擊的魄力，在事業上極容易獲得預期中的肯定。

錢財的部份就要謹慎。投資求財務必清楚為什麼買，什麼時候賣。雖然年輕，男士們卻擁有了「成家立業」的機會，該掌握就別錯過。

## 1982年的狗（民國71年，壬戌年，38歲）

這是個「多贏」的世界，而多贏的基礎建立在合作的結構上，這就是所謂的「借力使力」，只是為什麼人們要借力給你呢？那是因為我們可以提供對方需要的資源和支援，也代表我們具有一定的價值。而這就是狗族們今年事業邁向成功的撇步，因為「祿神」提供了這樣的環境，就看狗族們是否懂得掌握了。

職場順利，情場就要謙虛一點了。投資求財宜以通路概念為主要標的。

## 1970年的狗（民國59年，庚戌年，50歲）

人生如一場球賽，該攻的時候就得衝，該守的時候就要滴水不漏地把守；對於狗族們而言，這是今年整體運勢的最佳寫照。只因為在

流年氣息中，「機會星」氣勢明顯，因此衝勁十足，只是如果可以將目標定得更明確，達陣的機率將會更高。保守未必是壞事，而這也是狗族們今年的最缺，代表計畫很重要。

財利運勢頗佳，風險規劃好，就該展開行動。

## 1958年的狗（民國47年，戊戌年，62歲）

方法對了，一切都對了。財利能量滿滿的流年，未必一定代表可以賺到財富。只因為方法與策略不對了，也只不過是過路財神罷了。

「偏財祿吉星」氣勢明顯的今年，狗族們的財運是活躍的，只是由於「財庫星」能量不足，因此需要謹慎面對理財模式。儲蓄型標的、定期定額、設妥計畫確實執行、購買自住型屋宅……，這些都是累積財富的好方法。另外，顧好健康也等於顧好財富。

## 1946年的狗（民國35年，丙戌年，74歲）

欲望少了，幸福多了。尤其是期望和現實出現落差的時候，停下腳步檢視衝突點，也就是所謂「退一步海闊天空」，視野和思維寬了，生活反而富裕了。

白話地說，這是個需要學習放下的流年。而這個「放下」，並不是為了「拿起」什麼，而是得到豁達的生命思維。例如進行學習，就是為了學習，沒有其他目的。則生活多了快樂，生命多了精彩。

# 狗兒流月運勢

宜謹慎面對的月份：三月、六月、八月、九月、十二月

### 正月 運勢（國曆2/4～3/4）

三合之月，再加上又有「歲合吉星」的照拂，這是個幸福的新春之月。安排旅遊，不同的地域磁場，將提供不同的正向能量。這是絕佳訂定今年目標的時候，而住家風水也宜確實布局，拜拜不可少，因為可以積累能量旺個一整年。

### 二月 運勢（國曆3/5～4/3）

六合之月，吉利可期，再加上「太歲三合星」和「將星」照拂，上個月的行動計畫，本月就是最好的啟動期。另外，由於「無心插柳」的磁場頗盛，遇到了機會別忙著拒絕。雖然氣場頗佳，不過擇日學還是提醒「本月不利嫁娶」。

### 三月 運勢（國曆4/4～5/4）

六沖之月，諸事不宜。接連兩個月的新春好運勢，這個月稍事休息肯定會是好事。本月最需要留意的是健康方面的事宜，重點在於不要累過了頭。本月不利嫁娶。另外要提醒的是，謹慎理財就是為了避免劫財，投資求財見好便收。

## 四月 運勢（國曆5/5～6/4）

雖然是「歲破」之月，大環境容易陷入紊亂，不過對於狗族們而言，卻是吉星高照、吉利可期。本月大利嫁娶。不過需要格外提醒的是健康與養生，還有事業的重大抉擇，都需要謹慎面對。雖然劫財星高掛，但低接還是有機會營造財富。

## 五月 運勢（國曆6/5～7/5）

三合「將星」的本月，諸事皆宜，再加上「歲祿星」的照拂，這是個具有心想事成能量的月份。然而值得提醒的是本月最大的忌諱也在「太吉利」，因此務必放下「理所當然」的思維。家庭運勢頗佳，搬家、入宅、購屋宜順勢而為。

## 六月 運勢（國曆7/6～8/6）

不協調的磁場，悄悄地影響事務的執行，而最大的因素在於「人」。這個月謹言慎行，多聽少說，抱持學習的心，極容易國泰民安。抉擇重要事務多想想，人云亦云只會壞了應有的節奏。謹慎理財，事業出發稍安勿躁為宜。

## 七月 運勢（國曆8/7～9/6）

七月一直以來都讓人有謹慎的感覺，不過對於狗族們而言，卻是十分理想的機會月。「驛馬星」和「文昌星」併臨，該付諸於行動的事務無須猶豫。男士們有必要避開不適宜的對象。財利運勢頗佳，投

資求財宜更積極運作。

### 八月 運勢 （國曆9/7～10/7）

中秋之月，月圓人團圓，不過對於狗族們而言，本月卻不利嫁娶。對於合作事務的洽商宜謹慎以對，千萬別落入「六害星」的負面能量中，而成為「遇人不淑」的受害者。本月最理想的趨吉避凶就是祝賀佳節，該送禮的不要吝嗇。

### 九月 運勢 （國曆10/8～11/6）

本命之月，雖然出現了「歲德吉星」的身影，不過「芒刺在背」的磁場依舊不宜小覷。對於重要事務的執行，依照計畫行事為宜，回歸紀律就沒有疑慮。本月不利嫁娶。女士們的愛情也宜審慎，歡喜的邂逅，仍需要時間的瞭解。

### 十月 運勢 （國曆11/7～12/6）

太歲之月，大好大壞。宜於月值「太陽」與「天喜」，因此做好自己的選擇，再認真執行自己的選擇，則只有很好和大好。愛情運勢女優於男，女士們是另一半的貴人，男士們則宜避免招惹桃花。財利運勢頗佳，投資宜順勢獲利納財。

### 十一月 運勢 （國曆12/7～1/4）

本月不易探病與弔唁，只因為月犯「喪門星」，勢在必行則宜攜

帶一小包粗鹽。本月財利運勢頗佳，行商買賣和業務行銷值得努力。健康星磁場不佳，留意天候變化，多休息為宜。本月不宜搬家、入宅。好的對象用心追取，你就是幸福男人。

## 十二月 運勢（國曆1/5～2/3）

三煞之月，諸事不宜。歲末年終，正好執行收斂的動作，該納財的不猶豫，事業出發或重要抉擇，明年再說。五行磁場並不協調，健康還是不宜掉以輕心。投資求財同樣需要以保守為主，親友借貸量力而為。本月不利動工修造之舉。

# 幸福不勞碌 真正斜槓人士

犯太歲很可怕嗎？是的！安太歲與謹慎行事是必要的。不過，這卻是個理想的借力使力年，借太歲的力。至於如何運作，請繼續看下去……。

## 流年運勢 ▶ ▶ ▶

斜槓人生是近年的新名詞，代表的是多重身份、多重專業。十二生肖中真正可以代表「斜槓」，同時也容易將「斜槓」精神充分展現的就是屬豬的族群了。在生肖五行結構中，擁有理想與企圖心的非豬群莫屬。也許這個時候，豬族們的內心OS是「好像不是這樣ㄋㄟ」，那是因為環境因素並未成熟，隱藏在生肖符號中的「智慧文昌星」並未受到引動。但就是今年，2019己亥豬年，這樣的磁場將會受到引動，豬族們做好準備吧！準備做個幸福不勞碌的真正斜槓人士，至於是如何斜槓讓我們繼續看下去。

十二年一輪的太歲，終於輪到了豬族們。傳統概念中這是所謂的「犯太歲」，被認為是個不吉利的流年，因此最常見的趨吉避凶就是安太歲了。

| 幸運顏色 | 幸運數字 | 吉利方位 |
| --- | --- | --- |
| 白色、黑色<br>綠色、咖啡色 | 7、6、8、0<br>及其組合 | 正西、西北方<br>東北方 |

先讓我們明白什麼是「犯太歲」。傳統概念中流年太歲是神聖的，就像皇帝一般是不可以冒犯的，2019己亥豬年的太歲星是「亥辰次」屬豬，而同樣是「亥辰次」的豬族們等於是冒犯了太歲，因此需要很虔誠地拜碼頭「安太歲」，以確保一年的平安。事實上，也是如此。不過「安太歲」的目的不是拜碼頭，而是提醒自己這一年宜謙虛，再謙虛，因為豬族們在2019年的氣勢就像太歲星一般十分強盛，為了避免衝過了頭，冒犯了周遭的貴人們和機會。

由此可知，2019年氣勢最強的就是豬族們了，這個時候最需要的是學習，吸收新知以及主動出擊，因為這一年的事業星十分明顯，只是需要更多的機會與技能。機會可以營造，而技能可以學習，學習的部份要豬族們自己努力，多個專業技能，就多了根斜槓。至於好機會的營造，就讓我們用風水布局的方式提升。

綜而言之，這是個太歲年，也會是個創造好運氣的流年，重點在於「謙虛地主動出擊」。

## 💼 事業運勢 ▶▶▶

官貴星明顯的今年，按理說事業運勢也會旺盛，而打拼事業的企圖心與機會也容易呈現。然而可惜的是，由於這顆「官貴星」氣勢不佳，因此如果缺乏策略與計畫，這樣的官貴氣息恐怕只會成為紙上富貴而已。依照「斜槓」的說法，就算努力打拼也可能只在名片上或稱呼上多了幾個斜槓式的虛名罷了。因為「策略不對，努力白費」，那麼到底要怎麼做呢？

從2019己亥太歲的五行氣數角度來說，豬族們需要的是「組織戰」。年輕的豬族們，請卯足勁學習第二或第三專長，並且考取證

照。而職場豬族們則請建立團隊，因為這是啟動「借力使力策略」的必須。企業老闆們則務必找到自己企業的核心價值。

##  財利運勢 ▶ ▶ ▶

擁有財富的感覺是美好的，這句話是肯定的。不過對於今年的豬族們而言，恐怕需要換個角度來說，那就是「創造財富的感覺是美好的！」換個角度來說，也就是建立渠道。

在2018己亥年的五行結構中，豬族們的流年財富星並不明顯，因此這一年的財利運勢也將會是比較辛苦的。於是如何運用與生俱來「建立渠道」的生肖特質，為自己營造涓涓而來的賺錢機會成為了今年的重要課題。

對於股市投資求財而言，買對了比賣對了強。而企業家以創造市場與需求，開創產品的特性為上策。一般豬族們則宜謹慎理財，儲蓄型概念是好標的。有意購買屋宅的豬族們，這是個十分理想的購屋年。

## 情緣運勢 ▶ ▶ ▶

犯太歲的今年，在傳統的認知上是不適宜嫁娶的。因此在分析情緣運勢之前，對於希望得到祝福的新人而言，今年婚姻登記可以，宴客婚禮還是迴避為宜。

由於正緣星磁場較為活絡，男士們的情緣運勢是理想的。主動是幸福的訣竅，主動出擊、關懷、示愛……，想要得到愛情，就得先釋放愛。

偏緣星身影明顯，女士們的情緣運勢就大不相同了。寧缺勿濫，形容的是堅持；重點是多瞭解、多思考。已婚女士們，建議多關心另一半的健康，安排個時間一起接受健康檢查。一起的感覺是美好的，一起旅行、一起創業、一起讓家更溫暖……。聚少離多，通常會是困擾的源頭。

**開運風水**

這是個一定要好好為自己布局好風水的流年。沒錯！就是因為「犯太歲」。豬族們的本命五行屬水，本命位置在西北方。而2019年的流年太歲位置也在西北方，此種氣勢重疊的現象，傳統命理被稱為「伏吟」，是一種「芒刺在背」的形容。事實上，只要運用得當，此種能量重疊的現象，是助力而非阻力。

在屋宅或辦公室的西北方，擺放一個老虎造型的雕飾，顏色以白色為佳，可以用陶瓷或白水晶。不過傳統概念中老虎會傷人，因此可以用「貔貅」代替，而喜歡貓的人也可以懸掛貓的圖騰或擺放雕飾。

吉利方位：**正西、西北方、東北方。**
吉利顏色：**白色、黑色、綠色、咖啡色。**

# 豬兒各年次流年運勢

## 1995 年的豬 （民國84年，乙亥年，25歲）

偏財運雖然明顯，不過卻不穩定，業務行銷和投資買賣速戰速決，薄利多銷，見好便收。事業方面，則建議走出舒適圈，多學習、多見識，並且廣結善緣。健康方面，宜留意腸胃的調養。愛情方面，男士的正緣星雖然明顯，但要用心珍惜以免錯失了；女士們還是專心經營事業為佳。整體而言，這是個宜設妥目標的流年，目標明確，方向清楚，豬年太歲星才有機會展現助力。

## 1983 年的豬 （民國72年，癸亥年，37歲）

七殺太歲年，很驚悚吧！「七殺星」是顆大好大壞的星曜，運用得當有機會「意外收穫」，反之則恐怕會是「收到意外」。人際關係是今年趨吉避凶的重點功課，養成不依賴的習慣，雖然未必事必躬親，但不斷自我確認，才是保身之道。這不會是個適宜創業的流年，卻適宜由小而大地逐步落實理想，不過最大的忌諱是人云亦云。財利運勢，宜提防賺了面子，失了裡子。

## 1971 年的豬 （民國60年，辛亥年，49歲）

健康是最大的財富。健康星氣勢不穩的今年，除了留意養生外，也宜避免過度勞累。家庭磁場並不穩定，謹慎面對家庭事務的處理，而同理心與關懷可望提升幸福指數，這一年的住家風水布局自然是大意不得。投資買賣宜小心布局，事業經營宜以穩健為主，不疾不徐，

集中火力聚焦能量完成一件事，豬族們就是成功一族。情緣與婚姻，女士們請多關心另一半的健康。專情則是男士們的必須。

## 1959年的豬（民國48年，己亥年，61歲）

真正犯太歲的生肖。傳統上會在這一年舉辦61大壽的生日宴，也有人低調面對。安太歲具有絕對性的需要，而調整思維有助於六十甲子之後新生命的開拓，因此更是缺之不得。謹慎理財是今年的重要課題，只因為劫財星氣息十分明顯。不過也因為財利星氣勢頗佳，投資買賣只要給予設妥計畫，財利有機會在按圖索驥的方式下獲得營造。對於男士而言，清心寡慾可降低偏緣星的干擾機率。

## 1947年的豬（民國36年，丁亥年，73歲）

做自己，做喜悅的自己。尤其是「太歲食神星」主事的今年，開心最重要。換個角度來說，不要因為責任而做不開心的事。這是個悠然自得又不失去自信的流年，正因為如此，豬族們有必要用喜悅的心情面對事務，因為這是幸運的「食神星」主事的流年。說到「食神星」，聯想的自然是「吃」了。只要不是浪費，對於飲食的部份，建議豬族們不要吝嗇，只不過還是必須留意營養的攝取。

# 豬兒流月運勢

宜謹慎面對的月份：四月、六月、七月、十月、十二月

### 正月 運勢（國曆2/4～3/4）

歲合吉星提供了一整年「心想事成」的能量，就看豬族們如何運用了。計畫是這個時候的必須，設定具體的目標，並且加上時程，讓心想事成有真正落實的機會。新春拜年和廟宇祈福同樣重要，因為這個屬於豬族們的事業啟動月，需要更多的祝福。

### 二月 運勢（國曆3/5～4/3）

太歲三合月，再加上「將星」主事，對於一整年的好運勢而言，這個月的磁場就好比按下樞紐的「啟動月」。上個月的設定目標與計畫，這個月還有給予逐步完善的機會，只是對於企業家、生意人與投資客較為有利。換言之，這是大利出發的時段，新事業與轉型發展皆有利。

### 三月 運勢（國曆4/4～5/4）

月德吉星值日職事，再加上又有紅鸞星的身影，這是個喜悅之月。本月大利嫁娶，情感婚姻事務宜積極落實。本月宜謹慎理財，投資求財宜掌握納財入袋的機點。事業運勢頗佳，加把勁，辛勞容易獲得肯定。重要事務本月宜趕緊啟動。

## 四月 運勢（國曆5/5～6/4）

歲破、六沖之月，諸事不宜。這是為什麼陶文提醒「重要事務」宜在上月趕緊啟動的原因。謹言慎行是趨吉避凶的必須，只因為避免招惹「五鬼小人星」。另外，由於「驛馬星」犯沖，喝酒不開車，勞累也請不要駕駛。交通安全很重要。

## 五月 運勢（國曆6/5～7/5）

歲祿吉星職事的本月，諸事皆宜。再加上本命「龍德」、「紫微」兩大吉星併臨，當機會獲得肯定的判斷之後，就該積極行動。雖然如此，本月還是不宜嫁娶。女士們宜提防招惹偏緣星。男士們的正緣星明顯，猶豫只會錯失良機。

## 六月 運勢（國曆7/6～8/6）

雖然是「太歲三合」月，不過由於月犯「華蓋星」與「白虎星」，女士們宜提防婦科疾病困擾，已孕女士則宜更小心呵護。事業上，謙虛可以化解凶星厄勢力，小人迴避，貴人浮現。有意購買屋宅的豬族們，本月有機會覓得好宅。而布局好風水，則是本月重要課題。

## 七月 運勢（國曆8/7～9/6）

傳統七月，禁忌格外多，尊重就好。不過對於豬族們而言，這依舊是個不很理想的月份。只因為「六害星」的干擾，即便擁有「天德」和「福星」照拂，許多事務多動手，少動口為宜。雖然如此由於

「人緣桃花星」盛開，大利積極廣結善緣。

## 八月 運勢（國曆9/7～10/7）

中秋佳節之月，圓滿也是本月特質。豬族們的家庭運勢格外理想，順勢營造月圓人團圓的氣氛，極容易擁有幸福的下半年。經營團隊向心力也是如此，因此送禮與祝福都不可少。愛情運勢需要多借助月亮的祝福，必要時以退為進。

## 九月 運勢（國曆10/8～11/6）

歲德吉星職事的本月，按理說應該是諸事皆宜。不過值得留意的是，由於「歲煞星」同時出現，再加上「病符星」作祟，本月雖可大膽行事，亦可積極掌握住機會，不過還是有必要鎖定目標，能量聚焦，小人才會失焦。本月不宜探病與弔唁。

## 十月 運勢（國曆11/7～12/6）

太歲之月，也是豬族們的本命月。正因為如此，這個月的磁場是矛盾的。這個月最需要提防的是，萬事具備只欠東風的窘況，事務一旦啟動就該速戰速決。本月不利嫁娶。投資求財最大的忌諱就是人云亦云，職場事業的經營也是如此。

## 十一月 運勢（國曆12/7～1/4）

太陽併桃花的本月，最值得執行的旺運策略就是廣結善緣。由於

「文昌星」氣勢頗佳，只要備妥信心應考與應徵都有機會順遂如意。對於大環境來說，還是需要有所提防，只因為「歲絕星」值月。選擇好環境，否則就是改善環境。

## 十二月 運勢（國曆1/5～2/3）

年終歲末，將心情準備好，迎接喜悅而幸福的好年。由於磁場並不活絡，因此重要事務還是避開本月為宜。這個時候執行年終檢視策略是智者之舉，目的是為明年做好迎接的準備。健康星並不理想，提防天候變化。本月不宜弔唁。

CFV0340 人生顧問

# 2019豬年開運賺大錢：
## 易經論股解讀最佳投資機會，風水造吉財源滾滾來

作　　者——陶文
主　　編——林菁菁
協力編輯——黃凱怡
美術設計——李宜芝
企　　劃——葉蘭芳
封面攝影——張明偉
封面妝髮——蔡琇惠

出 行 人——趙政岷
出 版 者——時報文化出版企業股份有限公司
　　　　　10803台北市和平西路三段240號三樓
　　　　　發行專線／（02）2306-6842
　　　　　讀者服務專線／0800-231-705、（02）2304-7103
　　　　　讀者服務傳真／（02）2304-6858
　　　　　郵撥／1934-4724時報文化出版公司
　　　　　信箱／台北郵政79～99信箱
時報悅讀網——http://www.readingtimes.com.tw
電子郵件信箱——newlife@readingtimes.com.tw
法律顧問—理律法律事務所 陳長文律師、李念祖律師
印　　刷—盈昌印刷有限公司
初版一刷—2018年11月23日
定　　價—新臺幣388元
（缺頁或破損的書，請寄回更換）

時報文化出版公司成立於1975年，
並於1999年股票上櫃公開發行，於2008年脫離中時集團非屬旺中，
以「尊重智慧與創意的文化事業」為信念。

2019豬年開運賺大錢：易經論股解讀最佳投資機會，風水造吉財源滾
滾來 / 陶文著. -- 初版. -- 臺北市：時報文化, 2018.11
　　面；　公分

ISBN 978-957-13-7570-0 (平裝)

1.生肖　2.改運法

293.1　　　　　　　　　　　　　　　　　107016865

ISBN 978-957-13-7570-0
Printed in Taiwan